Le Jubilé des Lycées et Collèges de Jeunes Filles et de l'École Normale de Sèvres

LIBRAIRIE FÉLIX ALCAN

LE JUBILÉ

DE

L'ENSEIGNEMENT SECONDAIRE

DES

JEUNES FILLES

Le Jubilé

des

Lycées et Collèges de Jeunes Filles

et de

l'École Normale de Sèvres

AVEC 40 PORTRAITS ET DES DOCUMENTS INÉDITS

PARIS
LIBRAIRIE FELIX ALCAN
108, BOULEVARD SAINT-GERMAIN, 108

Dédié

au Personnel Dirigeant et Enseignant

des Lycées et Collèges de Jeunes Filles

PAR LA REVUE

L'ENSEIGNEMENT SECONDAIRE

DES

JEUNES FILLES

1911

AVANT-PROPOS

Le numéro du 15 juin 1907 de la vaillante Revue qu'a fondée M. Camille Sée et qui, chaque mois, tient régulièrement ses lecteurs au courant des progrès réalisés dans l'enseignement secondaire des jeunes filles, présentait un intérêt tout particulier. On y pouvait lire les éloquents discours prononcés le 17 mai précédent dans la grande Salle du Palais du Trocadéro et le jour suivant à l'École de Sèvres, on y trouvait un récit fidèle des deux fêtes, l'une plus imposante, l'autre plus intime, où avait été, avec tant de grâce et de dignité, célébré le vingt-cinquième anniversaire de la création des lycées de jeunes filles et de l'École normale supérieure de Sèvres.

Coutumier des initiatives heureuses, M. Camille Sée a voulu que « ses filles » pussent, sans prendre la peine de chercher ce numéro caché aujourd'hui dans la collection entière, retrouver le souvenir des joyeu es journées où s'était ranimé devant elles un passé si précieux et où elles avaient pu directement sentir l'importance qu'attache aujourd'hui la nation à la tâche qu'elles accomplissent avec une courageuse allégresse. Il a eu, ce père tendre et prévenant, l'aimable idée de rassembler en un beau volume tous les documents publiés par l'Enseignement Secondaire des Jeunes Filles *et il a enrichi l'ouvrage de portraits qui lui donnent son véritable caractère familial.*

C'est bien là le livre d'or de l'École de Sèvres, et des lycées et collèges de jeunes filles, mais c'est aussi le vieil et cher album de photographies que l'on feuillette avec attendrissement et auquel, aux heures de découragement et de doute, on va demander le réconfort et l'affectueux conseil qu'un être aimé semble vous donner avec un sourire un peu fané.

Le temps a marché depuis qu'ont eu lieu ces mémorables réunions de 1907, mais chaque année qui s'écoule ne fait qu'accentuer le succès

M. LUCIEN POINCARÉ

Directeur de l'Enseignement secondaire
Ancien inspecteur général
Ancien professeur à Sèvres.

que l'on fêtait alors et si quelques renseignements donnés dans le livre ne sont plus exacts, c'est simplement parce qu'ils étaient trop modestes. Aux 47 lycées et aux 56 collèges dont parlait M. C. Sée, dans son discours du Trocadéro, il faudrait ajouter aujourd'hui 3 lycées et 22 collèges nouveaux et la gracieuse armée de nos 25,000 élèves s'est augmentée de 10,000 recrues. De plus en plus le lycée entre dans les mœurs, les préjugés s'effacent, les objections se taisent et désormais l'œuvre des Jules Ferry et des Camille Sée apparaît établie sur des bases inébranlables.

S'appuyant sur un passé déjà long et glorieux, l'École de Sèvres peut, elle aussi, regarder l'avenir avec confiance. Ce « Séminaire de jeunes filles » que certains membres du Parlement considéraient à ses débuts comme un « monstre » non viable, a rendu des services devant lesquels la critique et l'ironie ont depuis longtemps désarmé, et chez ceux-là même qui ne sont pas de ses amis, il ne provoque plus qu'un sentiment d'envie.

Elle saura d'ailleurs, cette institution devenue majeure, s'adapter aux besoins nouveaux que la pratique fait connaître, elle n'ignore pas que dans un monde où tout évolue, rien n'est immuable, qu'il n'y a pas de vie durable sans amélioration constante, que tout ce qui ne marche pas vers le progrès sans interruption et sans trève est par une loi implacable condamné à rapidement disparaître. Mais, tout en admettant les transformations nécessaires, elle conservera fièrement la plus saine de ses traditions et elle continuera à préparer des femmes à l'intelligence ouverte, au cœur haut placé qui ne revendiquent pour elles qu'un seul droit, le droit au devoir.

Janvier 1911.

LUCIEN POINCARÉ.

1907

PRÉFACE[1]

Voici l'une des œuvres les plus considérables et les plus fructueuses de la République : l'affranchissement des jeunes filles et des femmes par l'Instruction publique, au triple point de vue de la pensée, de l'art et de la morale modernes.

Jusqu'à notre temps l'instruction des femmes en France était restée presque complètement livrée aux congrégations catholiques : Frères de la doctrine chrétienne, et sœurs pour l'Enseignement primaire des enfants; Couvents et ordres religieux, pour l'Enseignement secondaire des jeunes filles. Quant à l'Enseignement féminin supérieur, il n'existait pas.

Lorsque l'Enseignement primaire officiel des garçons commença à être organisé, pour la première fois, après la Révolution de 1830 — en majeure partie livré d'ailleurs aux frères de la doctrine chrétienne, — Guizot regarda comme impossible d'appliquer un système analogue à l'instruction des jeunes filles. Elle demeura livrée aux sœurs, étant bornée d'ailleurs à la lecture, à l'écriture, aux quatre règles et éléments du calcul arithmétique.

Ce fut en 1867 seulement, sur l'initiative de Duruy, que les communes ayant plus de 500 habitants furent astreintes, *pour la première fois*, à pourvoir à l'Enseignement primaire des petites filles, toujours avec le concours des congréganistes : premier point de départ du grand

1. Cette Préface est extraite du volume *Lycées de Jeunes Filles — Vingt-cinq ans de discours*.

développement donné par la République à l'Instruction primaire des deux sexes. Celle-ci est devenue, depuis vingt ans seulement, complètement laïque, gratuite et obligatoire.

Le progrès fut plus lent pour l'Enseignement secondaire des jeunes filles.

Un tel Enseignement, sous sa forme laïque, est tout à fait moderne. En effet, l'Église avait conservé, depuis le moyen âge, la haute main sur cet Enseignement en France, jusqu'à ces derniers temps.

Ce n'est pas qu'un certain affranchissement de l'éducation féminine n'eût commencé à se produire depuis le XVIe siècle, surtout dans les pays protestants, et même en France, comme en témoigne déjà l'apparition de l'hôtel de Rambouillet au temps de Louis XIV, et la culture scientifique et philosophique d'un certain nombre de femmes distinguées du XVIIIe siècle.

Diverses tentatives d'éducation laïque se manifestèrent dès la fin de ce siècle, mais surtout sous l'impulsion d'éducatrices privées, attachées aux familles riches et aristocratiques.

Au XIXe siècle on voit apparaître en France des cours méthodiques, institutions et pensionnats de jeunes filles sous des inspirations essentiellement laïques. Mais aucun établissement officiel de ce genre n'existait avant le dernier tiers du dernier siècle.

Quelques établissements privés étaient cependant assez florissants au temps du règne de Louis-Philippe, mais la réaction cléricale de 1849 et les lois Falloux en 1850 intervinrent : la plupart de ces établissements succombèrent, ruinés par la concurrence des couvents et maîtresses congréganistes catholiques, telles que celles du Sacré-Cœur, de l'Assomption, etc. L'Église s'efforçait de maintenir son empire sur les femmes assujettissant leur éducation à des formules superficielles et purement littéraires et mondaines, trop souvent frivoles, et en les écartant de la culture philosophique et scientifique moderne, qui les aurait affranchies des anciens préjugés.

Aussi fut-ce un tollé général du haut clergé lorsqu'en 1867, le ministre Duruy institua des cours publics d'Enseignement secondaire pour des jeunes filles : les cours de la Sorbonne. Mgr Dupanloup combattit violemment ces tendances, réputées subversives, pour rapprocher l'instruction et l'éducation de la femme de celle de l'homme, et rétablir ainsi l'unité morale de la famille, compromise par l'antagonisme entre l'éducation cléricale de la femme, asservie obstinément aux anciens préjugés, et l'éducation moderne, scientifique et démocratique de l'homme.

Cette opposition fut favorisée par le triomphe momentané des idées réactionnaires dans l'Assemblée nationale, après les catastrophes de 1870. Elle était même parvenue à tel point qu'en 1879 les cours destinés aux jeunes filles ne fonctionnaient plus que dans cinq villes en France ; ils

MARCELLIN BERTHELOT
Secrétaire perpétuel de l'Académie des Sciences
Professeur au Collège de France
Ancien ministre de l'Instruction publique.

avaient fini par n'être fréquentés que par 128 élèves à Paris, malgré le caractère sérieux de cet enseignement et le zèle des professeurs.

A ce moment, les principes de la démocratie républicaine prirent enfin le dessus et une longue lutte s'engagea pour délivrer l'enseignement public, à tous ses degrés, des ingérences cléricales.

En même temps que l'instruction primaire devenait purement laïque, elle fut franchement étendue aux enfants du sexe féminin, et la préparation des institutrices de tout genre prit des développements corrélatifs de celle des instituteurs.

Ce mouvement s'étendit aussitôt à l'enseignement secondaire : ce sont ses résultats qui sont exposés dans le présent volume. Ils datent de a loi du 21 décembre 1880, proposée et défendue avec un zèle infatigable par M. Camille Sée, qui a su la faire triompher de toutes les résistances.

Cette loi a créé en France l'Enseignement secondaire des jeunes filles. Elle a été complétée par la loi du 29 juillet 1881, instituant une École normale pour les professeurs féminins.

Ce n'est pas ici le lieu de discuter les systèmes adoptés pour cet enseignement et les programmes qui y président : systèmes et programmes peut-être un peu trop étroitement calqués sur l'Enseignement secondaire des jeunes gens.

Déjà, ce qu'il y avait peut-être d'excessif sous ce rapport a commencé à être corrigé par le bon sens délicat et le zèle extrême des professeurs-femmes des nouveaux établissements. Ce qu'il y a d'incontestable c'est leur grand succès, sous sa double forme d'internat et d'externat. En 1900, à l'époque de l'Exposition générale, il existait déjà 37 lycées et 26 collèges de jeunes filles fréquentés par 12,000 élèves; en 1907 : 46 lycées et 57 collèges et plus de 25,000 jeunes filles.

Ces établissements, créés par l'État et par les municipalités, sont pour la plupart très florissants : leur succès s'accroît chaque jour.

Ainsi se forme toute une nouvelle génération de femmes instruites et intelligentes, à la fois dans les classes populaires, par l'Enseignement primaire, et dans les classes plus fortunées, par l'Enseignement secondaire. Ces femmes sérieuses, élevées dans une culture moderne, au triple point de vue, intellectuel, moral et artistique, culture en harmonie avec celle de leurs frères et de leurs époux, présideront à la transformation profonde qui se produit de nos jours dans les croyances, l'éducation et l'organisation des sociétés humaines.

Mars 1907.

M. BERTHELOT.

LOI DU 21 DÉCEMBRE 1880

: : PAR LAQUELLE A ÉTÉ CRÉÉ : :

L'ENSEIGNEMENT SECONDAIRE DES JEUNES FILLES

Promoteur :

M. CAMILLE SÉE

CHAMBRE DES DÉPUTÉS

Rapporteur :

M. CAMILLE SÉE

SÉNAT

Président de la Commission : HIPPOLYTE CARNOT

Rapporteur : M. BROCA

Remplacé avant la discussion par M. HENRI MARTIN

LOI DU 26 JUILLET 1881

PAR LAQUELLE A ÉTÉ CRÉÉE

L'ÉCOLE NORMALE DES PROFESSEURS - FEMMES

Promoteur :

M. CAMILLE SÉE

CHAMBRE DES DÉPUTÉS

Rapporteur :

M. CAMILLE SÉE

SÉNAT

Rapporteur :

M. FERROUILLAT

Camille SÉE

Jules FERRY

Ministre de l'Instruction publique

(1879-1881)

HIPPOLYTE CARNOT
Président de la Commission du Sénat.

PAUL BROCA

HENRI MARTIN

MÉDAILLE COMMÉMORATIVE[1]

1. Voir page 15.

Cher ami

Elle est bien belle et charmante et
virginale, votre médaille ; si je l'ai
commandée j'en suis très-fier. Je suis
très-fier surtout d'y figurer et de
m'y retrouver avec vous, comme aux temps
et des beaux combats tempi passati.

votre affectionné
Jules Ferry

Cette lettre est une réponse à M. Camille Sée qui, ayant vu cette belle médaille au *Salon* de 1884, l'avait signalée à Jules Ferry.

Cette médaille est l'œuvre de Louis Roty, membre de l'Institut; elle a été commandée au grand artiste par le Directeur des Beaux-Arts, M. Kæmpfen, M. Armand Fallières étant Ministre de l'Instruction publique.

1880-1907

Le 19 janvier 1880, l'ordre du jour de la Chambre appelait la deuxième délibération sur la proposition de M. Camille Sée, relative à l'enseignement secondaire des jeunes filles. M. Keller, l'un des chefs les plus autorisés de l'opposition monarchique, ayant demandé la parole sur l'article premier, s'écriait : « Aujourd'hui, on nous propose de créer aux frais des contribuables des collèges de filles qui feront horreur aux familles... quand je me demande l'impression que cette loi pourra produire hors de France, je vous assure que j'éprouve un sentiment pénible... je ne puis me résigner à voir mon pays tomber dans le ridicule. Que ne dirait-on pas en Angleterre et dans tous les pays libres, si vous votez les collèges de filles ? J'aime à croire que vous m'éviterez cette souffrance et qu'il ne se trouvera pas une majorité pour adopter ce malheureux projet de loi. »

Il se trouva une majorité républicaine pour adopter par 347 voix contre 123, à la séance du 20 janvier 1880, l'ensemble de la proposition de loi de M. Camille Sée.

A la séance du 20 novembre 1880, l'ordre du jour du Sénat, réuni sous la présidence de M. Léon Say, appelait la première délibération sur la proposition de loi adoptée par la Chambre des Députés : « Je viens combattre devant le Sénat le projet de loi destiné à créer en France des lycées de jeunes filles, disait M. le comte Desbassayns. Cette loi n'émane pas du Gouvernement, elle est due à l'initiative d'un membre de l'autre Chambre ; elle n'a été ni discutée sérieusement dans la presse, ni élaborée dans l'opinion publique... elle est inutile... de plus, elle est dangereuse au point de vue moral... je me demande comment l'Université a la hardiesse de consentir à entreprendre l'éducation des femmes de France... on veut en réalité, pour former le type nouveau de la femme française et incroyante, vous demander de l'argent, le bras et le moule de l'Etat. Eh bien moi, je les refuse... Je repousse ces expériences téméraires de morale indépendante, faites sur une nature qui ne saurait demeurer neutre en rien... Je tiens pour le christianisme et je demande au Sénat de repousser la loi. » Ce discours, accueilli par de vifs applaudissements et de nombreuses félicitations, ne paraît pas suffire. Il faut reprendre les attaques et les polémiques multipliées depuis de longs mois contre la proposition par toute la presse conservatrice, et soutenir, avec M. le baron de

Ravignan que « cette loi est une entreprise de plus, dirigée contre la liberté et, contre la religion... Ce sont donc les femmes que vous prétendez avoir ainsi comme alliées ? Eh bien, vous n'y réussirez pas ! Cette loi est destinée ou à n'être qu'une tentative stérile, ou à produire des conséquences funestes. »

Deux jours après, le plus éloquent et le plus considérable sénateur de la droite, M. Chesnelong, suppliait le Sénat de s'inspirer des vrais sentiments du pays, faisait appel à sa raison et à son patriotisme pour lui demander de repousser une loi qui excitait un mouvement de répulsion générale, parce qu'elle s'inspire d'une barbarie qui naît d'une certaine science. « Il faut, Messieurs, des femmes chrétiennes à la France, et, à ces femmes, il faut la religion ; non pas une morale vague, un sentiment vide, mais la religion vivante et morale de l'Evangile. » Démontrer que l'institution des lycées de filles présenterait les plus sérieux dangers, « supplier le Sénat de venir au secours du Gouvernement en lui refusant le présent funeste que lui présentait l'initiative parlementaire », lui arracher des mains un « instrument qui blesserait la liberté de conscience ainsi que notre pauvre pays que nous devons toujours aimer », jeter le doute dans l'esprit du Sénat où il suffisait de déplacer une dizaine de voix [1] pour empêcher la création de « casernes de jeunes filles », faire intervenir à cet effet le duc de Broglie, M. Wallon et M. Buffet, voilà l'œuvre complexe et insidieuse que les adversaires irréductibles de la loi surent mener à bien au cours de la seconde délibération. Sans doute elle n'empêcha pas le vote définitif de la proposition de loi, mais elle eut pour effet de ranimer la méfiance et les craintes inspirées dès le début à tous ceux qui ne pardonnaient pas à M. Camille Sée l'initiative qu'il avait prise. A entendre tant d'hommes si considérables dénoncer le péril et la fragilité de la loi nouvelle, beaucoup de timorés se demandaient si vraiment l'institution de l'Enseignement secondaire des jeunes filles serait durable, si on ne risquait pas de se compromettre en secondant sincèrement son essor et si elle répondait vraiment aux vœux de la nation. Les polémiques se prolongeaient, les attaques se multipliaient et l'application de la loi devait se poursuivre d'abord au milieu des injustes attaques de ses adversaires et des craintes méfiantes, mal dissimulées par ses prétendus défenseurs. Et pourtant, il n'est rien de tel pour réussir que d'avoir raison.

Le 18 mai 1907, au Trocadéro, devant M. le Ministre de l'Instruction publique, M. Aristide Briand, assisté de tous les hauts fonctionnaires de l'Université, en présence de toutes les directrices des lycées et collèges de jeunes filles, des représentants du corps enseignant, des élèves des lycées de jeunes filles de Paris et de leurs parents, l'auteur de la loi pouvait signaler, non sans une légitime fierté les résultats de l'œuvre si méconnue et si décriée vingt-sept ans auparavant : « L'enseignement secondaire des jeunes filles comprend : l'École normale de Sèvres, 47 lycées, 56 collèges, et l'on est à la veille de créer 3 lycées à Paris. Le nombre des internats municipaux, annexés aux établissements, est de 28 pour les lycées et de 49 pour les collèges. Ces établissements comptent plus de 25,000 élèves, dont 2/3 environ dans les lycées, 113 directrices, et un personnel enseignant de 1,936 femmes, dont 295 professeurs agrégées et 324 professeurs munies d'un certificat d'aptitude. Il existe de plus 65 cours. » Voilà, en chiffres précis, la réponse que les faits se chargent de donner aux augures de 1880.

Comment apprécie-t-on maintenant cette initiative personnelle, dont on parlait

1. Six voix.

avec une sorte d'affectation dédaigneuse au Sénat, à la Chambre, quand on rappelait que la loi proposée n'avait paru ni utile ni nécessaire au Gouvernement et qu'elle avait pour auteur un simple député qui avait osé se faire le promoteur de cette œuvre, à laquelle, ajoutons-le, il a consacré sans cesse toute son intelligence et tout son cœur en lui demeurant, malgré toutes les attaques déclarées ou occultes invariablement fidèle? Un ministre, dont personne, même parmi ses plus passionnés adversaires ne conteste le talent, les hautes qualités politiques, l'esprit de décision et l'autorité, n'a pas hésité dans son brillant discours à citer la loi Camille Sée, comme marquant « une date mémorable dans l'histoire de la IIIe République ». Rendant au promoteur de l'œuvre un hommage, accordé comme dans le recul de l'histoire, M. le Ministre de l'Instruction publique a rappelé que M. Camille Sée a eu également l'honneur de présenter aux Chambres une autre loi « qui avait pour objet la création d'une Ecole normale destinée à préparer les professeurs-femmes pour les écoles secondaires de jeunes filles. Cette conséquence de la première loi, acceptée sans débat à la Chambre des Députés, souleva une discussion assez vive, pendant laquelle un membre de la Haute Assemblée s'écria : « Un séminaire de jeunes filles, qu'on appelle des professeurs-femmes, je ne connais pas ce monstre. »

Les préventions séculaires contre l'instruction des jeunes filles n'avaient donc pas encore désarmé. Elles eurent même leurs défenseurs dans une certaine presse, où l'on prodigua à la nouvelle institution les sarcasmes et les railleries. On les porta même sur la scène.

Il faut presque faire œuvre de scaphandrier pour retrouver aujourd'hui les traces de toutes ces embûches ! Le bon sens a fini par triompher, comme le constatait M. Aristide Briand, particulièrement bien placé pour apprécier, avec les informations nécessaires, la situation véritable de l'enseignement secondaire féminin. L'orateur ne parlait pas seulement en politique éloquent et avisé, mais en Ministre documenté qui n'aime pas à se payer de mots. Aussi la fête du Trocadéro a-t-elle eu ce premier résultat d'une portée considérable : avec l'adhésion et en présence des plus hautes autorités universitaires et politiques a été célébrée la consécration définitive de l'œuvre entreprise par M. Camille Sée, menée à bien par l'Université qui l'a fait entrer dans nos mœurs, lui a créé déjà ses traditions, ses organes, sa clientèle, au point qu'elle est acceptée désormais comme partie intégrante et nécessaire de l'organisation universitaire de notre pays. Les résistances violentes sont vaincues, les haines de partis sommeillent, les calomnies ont disparu ; restent plus brillants et plus solides que jamais « nos gais et clairs lycées de jeunes filles », où dans la paix et la considération enfin conquises des professeurs-femmes, les monstres de 1881 donnent à des milliers de jeunes filles, avec une science et une compétence admirables, avec un dévouement incontesté, avec un tact parfait, une éducation libérale et une instruction d'autant plus nécessaire que la France a plus que jamais besoin du travail de tous ses enfants. Le temps est passé où nous pouvions nous donner le luxe de dédaigner l'aide d'une moitié de la France »

Cette remarque profonde, faite par M. Ernest Lavisse, dans le spirituel et persuasif discours qu'il a prononcé en prenant la parole après M. Camille Sée, permet de signaler un autre résultat qui a donné tout son intérêt à ces fêtes organisées avec autant de goût que de tact par une Commission qui a réalisé le difficile problème de satisfaire, d'instruire et de charmer tout le monde. Elles ont fourni une occasion solennelle de répéter et de confirmer certaines vérités qu'il est toujours bon de redire, — parce que la plus efficace figure de rhétorique est encore la répétition.

— et qu'il était bon d'entendre formuler dans une circonstance solennelle, par les interprètes les plus autorisés. Il était bon qu'un maître comme Ernest Lavisse vînt caractériser l'esprit social et solidariste qui doit animer l'enseignement féminin.

Pourquoi ne pas redire aussi, que ce personnel féminin qu'on annonçait comme une monstruosité et qui a fait preuve de tant d'aptitudes intellectuelles et morales, était, comme le voulait dès la première heure M. Camille Sée, le seul qui fût à sa place dans les lycées de jeunes filles? « Une maîtresse est plus proche de son élève que n'est un maître, a dit M. Ernest Lavisse, plus de même sorte, si je puis dire. »

Sans doute on pourrait encore trouver des ombres au tableau! en examinant sincèrement l'œuvre accomplie, elle apparaît comme perfectible encore par bien des points. Et M. Camille Sée a eu raison de saisir cette exceptionnelle occasion de regretter la faute commise à propos de l'internat et des cours secondaires. Mais il était nécessaire surtout de revendiquer une fois de plus la supériorité morale de son enseignement, qui consacre le droit de la femme à l'instruction, développe l'indépendance et la sérénité de son esprit, cultive « dans le plus large esprit de tolérance, a dit M. Aristide Briand, les fleurs de sentiment que toute âme humaine porte en elle ». Il atteint ce but en réservant à la morale « comme science » à la morale indépendante et rationaliste, laïque en un mot, le rang qui lui appartient, le premier. Maintenant que l'opinion est conquise et que l'enseignement scientifique de la morale peut se donner en toute sérénité, il ne faudrait pas oublier par indifférence, ou méconnaître par ignorance, l'importance fondamentale que le législateur a voulu accorder à ce point essentiel du programme. M. Camille Sée devait le rappeler : « Après avoir tenté de réduire le lycée à l'externat, afin de le mettre hors de la portée des familles, on essaya de leur persuader que son enseignement porterait atteinte à la liberté de conscience.

« Il en eût été ainsi si l'enseignement nouveau avait donné *à des dogmes particuliers*, comme le dit Condorcet, *un avantage contraire à la liberté des opinions*.

« Les Chambres, loin de là, ont mis un soin scrupuleux à assurer le respect de la liberté de conscience qu'elles ont considérée comme la première et la plus intangible des libertés.

« L'Etat donne, dans les classes, qui réunissent toutes les élèves sans distinction de culte, l'enseignement moral, c'est-à-dire l'enseignement de la morale antérieure et supérieure aux lois écrites, commune à toutes les croyances, à tous les braves gens et qui, réfractaire aux divisions religieuses, tend sans cesse vers le bien et la vérité.

« Les ministres des différentes religions donnent, en dehors des classes, aux jeunes filles de chaque culte, l'enseignement qui est du domaine particulier de la conscience.

« Lorsque, au siècle de la Révolution, pour me servir de la formule lapidaire de l'un de nos universitaires les plus éminents, M. Gabriel Compayré, « la préparation à la vie remplaça la préparation à la mort », les philosophes demandèrent que l'éducation fût laïque et que la morale, dégagée de tous les liens confessionnels, fût enseignée au nom de la Nation.

« Cette solution si simple qui, tout en respectant les droits de la liberté de conscience, sécularise l'enseignement de la morale, il a fallu un siècle, le XVIIIe, pour la préparer.

« Il a fallu un siècle, le XIXe, avant que cette solution passât dans nos lois, et la loi sur l'enseignement secondaire des jeunes filles est la première qui l'ait consacrée.

« Aussi la morale occupe-t-elle la plus grande place dans l'éducation des jeunes filles.

« Elle la domine.

« Elle en est l'âme.

« Elle a, par conséquent, été placée en tête des programmes pour être, ainsi que le demandait Talleyrand, « enseignée comme une science véritable et pour rayonner sur tous les autres enseignements. »

Voilà bien l'esprit qui anime toute la loi, — celui que nul n'a le droit de méconnaître sans faire œuvre de trahison, — celui que lui avait reconnu dès le premier jour le parti théocratique, et que défendait courageusement Jules Ferry, dans cette courageuse et concluante réplique à M. Chesnelong : « Mais pour que le respect des croyances soit maintenu, pour qu'il n'y ait pas là comme une barrière contre laquelle un assaut perpétuel serait donné, il faut que l'enseignement religieux soit mis à la place qu'il doit occuper ; il faut, pour que vous n'ayez pas à redouter cette guerre de la science contre la foi dont vous parliez tout à l'heure, que la science soit maîtresse chez elle... Et c'est ici, Monsieur Chesnelong, qu'apparaissent entre nous la profonde divergence et le fossé qu'on ne comblera pas, car ce que vous voulez, vous, ce que veut le parti théocratique auquel vous appartenez, c'est la science asservie. Oui, c'est la science asservie ! c'est comme on le disait au moyen âge, la science servante de la théologie... »

Il est des heures où certaines paroles doivent être répétées à une génération pour laquelle les événements de 1880 entrent déjà dans la pénombre de l'histoire.

La fête du Trocadéro nous a fait remonter aux sources et par conséquent saisir à son jaillissement même une des créations les plus fécondes et les plus durables du régime républicain. Nous l'avons retrouvée dans son origine, — nous en avons su toutes les lignes essentielles en écoutant M. Camille Sée, — nous en avons mesuré les résultats et les effets, nous en avons salué le triomphe définitif. Au contact des administrateurs, directrices et professeurs conscients et fiers d'avoir accompli un grand devoir et prêts à entreprendre de nouvelles tâches, dans l'unanime approbation de l'opinion désormais sympathique et fixée, nous avons senti que quelque chose finissait, — l'ère du doute, du provisoire et de l'ironie, — et que quelque chose commençait, — l'ère de la confiance, du définitif, et aussi de la gratitude envers tous les bons ouvriers, connus ou inconnus, qui, de près ou de loin, travaillent au succès d'une institution qui assurera « l'affranchissement des jeunes filles et des femmes au triple point de vue de la pensée, de l'art et de la morale modernes ».

Eugène Blum,
Professeur de philosophie au lycée de Lyon.

XXVᴱ ANNIVERSAIRE

DE LA

CRÉATION DES LYCÉES DE JEUNES FILLES

La Fête du Trocadéro [1].

La fête du Trocadéro a été, pour l'Enseignement secondaire des jeunes filles, une commémoration imposante et une manifestation à la fois grandiose et gracieuse.

Elle a donné au public de parents, venus avec empressement pour applaudir leurs filles et les éducatrices de leurs filles, la vision, désormais ineffaçable, d'un groupement uni et vivace, la révélation d'une force civique nouvelle qui les a charmés dans le présent et réjouis pour l'avenir.

Elle a donné aux lycéennes, qui en étaient les héroïnes, les choristes, et, en quelque sorte, les initiées, la conscience de ce qu'elles sont, de ce qu'elles doivent être, de ce que la Nation a voulu pour elles, de ce qu'Elle attend d'elles. Impression fugitive, dira-t-on, en des âmes de quinze ans ; mais impression prête à renaître, à vibrer au moindre choc, et (si nous en croyons la curiosité émue et un tantinet envieuse, des sœurs de la province envers leurs compagnes de Paris) prête à se propager comme un enthousiaste et joyeux frémissement à travers tous nos lycées.

Elle a donné enfin à tous ceux, à toutes celles qui, de près ou de loin, d'en haut ou d'en bas, depuis longtemps ou depuis peu, ont travaillé à l'œuvre de cet Enseignement secondaire, quelque chose de l'émotion sacrée qui saisit l'artisan lorsque après les heures de l'effort et du doute, les mains encore meurtries, le front encore en sueur, il voit lui apparaître, ébauchée seulement, mais assurée déjà, mais triomphante des difficultés et des obstacles, l'œuvre qu'il a rêvée.

Qu'on songe, un instant, à toutes les traverses, à tous les marchandages, à toutes les équivoques, qu'ont subis d'abord la loi organique, puis l'établissement et l'existence des lycées de jeunes filles ; et l'on comprendra la joie profonde que bien

1. Voir le Programme, page 113.

des cœurs ont ressentie, la fierté dont bien des consciences se sont doucement inondées quand, par la parole même des pouvoirs publics, cet Enseignement secondaire des jeunes filles a été hautement reconnu comme une nécessité, et proclamé comme un bienfait.

Encore hier adolescent craintif, cette cérémonie a été son adoption définitive par le Pays ; elle l'a revêtu de la robe virile.

Pour les jeunes élèves, pour leurs familles, c'est comme la réception d'une flatteuse assurance, d'un délicat privilège qui fait de nos lycéennes les pupilles choyées d'une République pacifique et féministe.

Pour le Personnel de l'Enseignement secondaire des filles, qui, malgré tout son mérite et tout son dévouement, a parfois donné l'impression d'un défaut injustifié de confiance en soi, d'une retenue un peu timorée, ce sera la promesse qui délie et affirme à la fois, ce sera le soutien désiré des initiatives timides, et des énergies contenues.

Enfin, quelle plus noble récompense offerte aux législateurs et aux administrateurs, aux pionniers de la première heure !

— « Une distribution de prix ?... » disait, à la sortie, un loustic. Certes, une réconfortante et idéale distribution de prix, où, sous la présidence d'un ministre qui est mieux qu'un homme politique : un homme d'Etat, maîtres et élèves, lauréats et distributeurs de lauriers pouvaient se réunir en une fraternelle et démocratique effusion — telle a été la cérémonie du Trocadéro.

C'est l'extérieure physionomie de la fête qui, tout d'abord, nous a aidés à fixer ces impressions et à dégager ces idées.

Bien avant deux heures, on pouvait voir affluer vers le Trocadéro, à pied, en voiture, descendant des omnibus et des tramways, s'élançant du métropolitain, une foule amusante et amusée, où dominaient les dames et les jeunes filles. Celles-ci, en robes claires, la plupart sans chapeau et les cheveux noués de rubans, s'enveloppaient avec précaution dans des écharpes ou dans des voiles ; et rieuses et légères, avec leurs jupes courtes et leurs jeunes têtes couvertes de gazes transparentes, elles faisaient retourner les passants, et dire : ...elles vont au Trocadéro. Tout le monde y venait, au Trocadéro ! et déjà entre toutes ces personnes qui, les unes se reconnaissaient, et les autres se devinaient, s'établissait une communicative sympathie.

Aux portes, même animation, calme d'ailleurs, et exempte de tout tumulte. Ce fut un des caractères de cette fête universitaire et féminine, d'être nationale sans être bruyante, et populaire sans vulgarité. L'ordre était du reste établi avec une clarté et une urbanité parfaites. Par ici, les élèves ! criait à la porte du centre, un appariteur en gants blancs. Et les élèves, quittant rapidement papa et maman s'engouffraient dans le vaste édifice. — Les cartes rouges à droite ! Les cartes jaunes à gauche ! Tournez, montez, redescendez, remontez ! Et dans le dédale des escaliers et l'infini des corridors, le public obéissait gaiement à toutes les consignes.

Celui qui, même par de longs et laborieux détours, avait gagné sa place dans les hauteurs du cirque, était sur-le-champ récompensé par le coup d'œil qui s'offrait à lui.

L'immense hémicycle, très éclairé par le jour de cette après-midi éventée, mais lumineuse, était entièrement rempli du haut en bas et rempli surtout de femmes élégantes et jeunes. Au parquet, les parents et es amis des élèves des lycées de

Paris ; dans les loges couvertes et découvertes, les invités du Comité, l'Ecole de Sèvres, les Directrices et les Professeurs des Lycées de Paris ; à l'amphithéâtre, groupées par lycées et par régions, les membres du personnel enseignant de la province, venues et venues en grand nombre des localités les plus éloignées. Pour favoriser ce voyage, chargé, au nom du Ministre, M. Aristide Briand, par M. l'Inspecteur général, Jules Gautier, directeur du Cabinet et par M. Rabier, directeur de l'Enseignement secondaire, de l'organisation de cette fête, M. Hugot, qui a tout prévu, tout rendu facile et aimable, avait obtenu des Compagnies de chemins de fer des permis à demi-tarif.

Au fond, enfin, au-dessus de l'estrade où s'étend la table du Bureau et où attendent les fauteuils officiels, la dominant et l'encerclant comme une corbeille fleurie, les six cents élèves de la Chorale des Lycées de jeunes filles de Paris s'étagent en clairs gradins.

A leurs pieds, l'orchestre s'installe.

Et, tout à coup, une ondulation passe sur tout ce petit monde ; les mains battent : c'est M. Gabriel Pierné, le chef d'orchestre et le directeur de la chorale, qui monte au pupitre, et pour qui cette jeunesse entame les ovations.

Le silence se fait. La *Marseillaise* éclate, classiquement, purement exécutée par les chœurs et l'orchestre. Presque toute la salle se lève : car deux choses, évidemment, sont dans l'air, la joie et le respect. Et voici que s'avancent les personnages dont la présence va donner un sens et une voix à la réunion. Ils prennent place. Au centre du Bureau, M. Aristide Briand, ministre de l'Instruction publique ; à sa droite, M. Camille Sée, puis M. Rabier, directeur de l'Enseignement secondaire, M. Liard, vice-recteur de l'Académie de Paris ; M. Bienvenu-Martin, sénateur, ancien ministre ; à sa gauche, M. Ernest Lavisse, de l'Académie française, directeur de l'Ecole normale supérieure, puis MM. Charles Dupuy et Chaumié, anciens ministres de l'Instruction publique. Derrière eux s'asseyent encore : M. Jules Gautier, directeur du Cabinet du Ministre ; MM. Massé, Couyba, députés, rapporteurs du budget de l'Instruction publique ; M. Hugot, chef du 5e bureau ; M. Fortemps, sous-chef, etc., etc.

Dans le public, on se les montre, on se les nomme ; les lorgnettes se braquent, les oreilles se tendent.

Le Ministre a donné la parole à M. Camille Sée.

Sobre historique de l'enseignement secondaire des jeunes filles, en France, son discours est empreint d'un caractère général — et obligé — de réserve. Il se contente de rappeler brièvement quelle fut la genèse de l'idée-mère de la Loi de 1880, et comment celle-ci naquit, chez le Législateur, au lendemain des heures les plus poignantes de notre histoire contemporaine, du désir du relèvement national, de l'ambition de restaurer et d'affermir, par la solidité et la vigueur du foyer familial, par l'Association de la Française au Français dans son labeur et sa pensée, la solidité et la vigueur de la Patrie.

Il se borne à affirmer, sur la question si essentielle de l'internat, sur la question de l'enseignement de la morale et des sciences ménagères, sur la question si importante, et généralement si mal comprise, des cours secondaires, les principes primitifs de la Loi.

Il rend, enfin, sans oubli, sans exception, hommage à tous ceux et à toutes celles qui ont collaboré, soit à l'élaboration, soit à l'application de cette loi.

Mais ceux-là seuls, qui savent combien et comment, depuis vingt-neuf ans, l'orateur a donné de soi-même à cette œuvre, ont pu sentir tout ce que la forme simple et concise de sa parole enfermait d'ardeur, et ranimait, en lui, de souvenirs.

Que M. Camille Sée permette ici, et pour une seule fois, à l'un des rédacteurs de *l'Enseignement secondaire des jeunes filles*, à l'un de ses collaborateurs, qui sait que jamais il n'a proféré le mot *je* ni prononcé le mot *moi*, que lorsque ces mots devaient servir une idée générale ou une cause désintéressée, qu'il lui permette de compléter l'aperçu de ce que fut son rôle effectif dans la création des Lycées de jeunes filles.

Non seulement Rapporteur, il fut *Promoteur*[1] de cette loi, à laquelle personne au Parlement ne songeait avant lui, pour laquelle, de longue main, et à lui seul, il amassa des documents et des connaissances, autour de laquelle enfin il s'employa, dès l'origine, à grouper et à informer une Commission. Puis, la loi, votée par la Chambre, loin de s'en détacher, comme c'est assez l'usage, il la suivit, la veilla, l'entoura, toujours prêt à la préserver, à la secourir ou à la redresser. Les journaux contemporains nous ont curieusement gardé les échos, souvent ironiques, et parfois malveillants, de ses démarches actives au Sénat où la majorité n'était pas acquise à la République.

M. Camille Sée en effet se préoccupa de la composition de la Commission sénatoriale qui allait être élue pour examiner la proposition de loi que venait de voter la Chambre des Députés.

Il vit Hippolyte Carnot, pour lequel il avait une vive et respectueuse affection, et qui, sur les instances du promoteur de la loi, consentit à être élu membre de la Commission.

Il vit notre grand historien Henri Martin qui de même accepta d'être élu en remplacement de M. Broca.

Mais déjà on commençait, comme on l'avait fait pour la Commission de la Chambre, à peser sur la Commission du Sénat.

On avait obtenu des commissaires de la Chambre, de renoncer à la disposition qui donnait le droit à l'Etat de créer des internats.

On chercha à obtenir des commissaires du Sénat le vote d'une disposition faisant défense à l'Etat de contribuer à la dépense de l'internat.

C'eût été rendre impossible la création de l'internat aux frais duquel, abandonnées à leurs seules ressources, les municipalités eussent été, en général, dans l'impossibilité de faire face.

Et c'eût été la loi compromise, car ne pouvant faire l'internat, elles n'auraient pas, le plus souvent, participé à la dépense de l'externat. Sauf quelques exceptions, les jeunes filles de la ville où il eût été ouvert n'eussent pas en effet été assez nombreuses pour le faire vivre.

A la Chambre des députés, lorsque la Commission, en pleine séance, eut abandonné la rédaction qui permettait à l'Etat de faire des internats, le promoteur de la Loi, conscient d'être dans la vérité, reprit cette disposition et la défendit à la tribune.

Il entama alors la lutte désespérée que l'on sait. Ce fut en vain, en effet, qu'il prodigua les arguments, invoqua les faits, « prouva la nécessité de l'internat », affirma qu' « il est dans nos mœurs ».

1. La proposition de loi a été déposée sous le ministère de M. A. Bardoux.

M. Camille Sée fut battu, et ce ne fut pas une défaite mais une déroute, puisqu'il ne rallia que onze voix.

Il ne s'était au reste fait aucune illusion. Il savait qu'il ne convaincrait pas la Chambre.

Il s'était servi de la tribune pour parler aux municipalités, à l'initiative desquelles on avait abandonné la création de l'internat, et pour leur dire les arguments qui l'imposaient.

M. Camille Sée, de même, jugea utile de « parler au Sénat, ou plutôt pour le Sénat ».

Dans une conférence[1] faite à Saint-Denis, le promoteur de la Loi développa les raisons qui imposaient l'internat comme une disposition nécessaire de l'enseignement secondaire des jeunes filles.

Hippolyte Carnot, l'ancien ministre de l'Instruction publique de 1848, l'un des hommes les plus justement respectés pour sa science et son caractère et que la Commission du Sénat avait appelé à diriger ses travaux, voulut bien présider cette conférence.

Elle eut pour résultat de convaincre de l'utilité de l'internat Hippolyte Carnot. A son tour, il persuada ses collègues de la Commission qui adopta, avec une légère nuance, la solution qu'avait admise la Chambre des Députés.

L'internat avait été l'objet de plusieurs conversations entre M. Hippolyte Carnot et M. Camille Sée.

Et M. Hippolyte Carnot le tenait au courant des travaux de la Commission.

Nous croyons intéressant de reproduire à ce sujet quelques extraits de lettres ou de courts billets adressés par M. Hippolyte Carnot à M. Camille Sée :

Les bureaux de l'année dernière (4me, 7me et 9e) vont être réunis demain. Voici dans chacun les hommes qui pourraient entrer dans notre commission. Mais il importe qu'ils soient exacts dans leur bureau

4me Honoré   9e Henri Martin

. . . .

« Les bureaux de l'année dernière (4e, 7e, 9e) vont être réunis demain : voici, dans chacun, les hommes qui pourraient entrer dans notre Commission, mais il importe qu'ils soient exacts dans leurs bureaux..... »

Sur la liste figuraient :

4e M. Honoré ;
9e M. Henri Martin.

1. Il a été notamment rendu compte de cette conférence par le journal *la Paix* du 27 avril 1880.

Il s'agissait de remplacer MM. Barthélemy-Saint-Hilaire, Gayot et Broca, décédés. M. Camille Sée vit MM. Henri Martin et Honoré qui acceptèrent d'être candidats et furent élus.

Cher Monsieur

La commission a entendu hier M. Fresneau et M. Poidrin-Lavernière. Elle s'est ajournée à vendredi pour arrêter la nouvelle rédaction de l'art. 2. Je pense que immédiatement après cette séance, nous pourrons fixer, d'accord avec le président du Sénat, la reprise des discussions.

Tout à vous bien cordialement

Carnot

. . . .

« La Commission a entendu hier M. Fresneau et M. de Voisins-Lavernière.
« Elle s'est ajournée à vendredi pour la nouvelle rédaction de l'article 2.
« Je pense qu'immédiatement après cette séance, nous pouvons fixer, d'accord « avec le Président du Sénat, la reprise de la discussion. »

Tout à vous bien cordialement.

CARNOT.

Notre Loi est remise à
Jeudi. J'espère que tout
sera fait dans la journée.

7 *décembre*.

.....Notre loi est remise à jeudi.
« Je pense que tout sera fait dans la journée. »

Et au sujet de la proposition de loi ayant pour objet la création de l'école destinée à préparer les professeurs-femmes, Hippolyte Carnot écrivait à M. Camille Sée :

Cher Monsieur
Vous savez que le
ministre est venu à la
commission et qu'elle
a choisi pour rapporteur
M. Ferrouillat. J'espère
que cela ira vite.
Mille compliments affectueux
Carnot

« Vous savez que le Ministre est venu à la Commission et qu'elle a choisi pour rapporteur M. Ferrouillat. J'espère que cela ira vite. »

Mille compliments affectueux.

CARNOT.

L'intervention du promoteur de la loi ne s'est pas bornée là.

Lors de la discussion au Sénat, il vit les sénateurs hésitants et même certains sénateurs hostiles. Il put en convaincre quelques-uns.

Nous avons sous les yeux plusieurs journaux qui font allusion à cette intervention[1]. Nous en citerons un seul :

« Il y avait hier, dans les couloirs du Sénat (*La Presse* du 22 novembre 1880), un jeune député qui se promenait avec inquiétude, allant d'un sénateur à l'autre. Il ressemblait assez à un justiciable qui réconforte ses juges, les entretient dans de bonnes dispositions. Ce plaideur, si nous pouvons nous exprimer ainsi, c'est M. Camille Sée. »

Ses efforts furent-ils inutiles? Le premier scrutin, qui, précisément portait sur la disposition relative à l'internat, démontra qu'il eût suffi d'un déplacement de six voix pour changer la majorité.

On peut donc dire que, jusqu'à l'issue de la discussion finale, M. Camille Sée fut sur la brèche; sans lui, on peut se demander, non seulement si la loi eût jamais été conçue, présentée, mais si elle eût été votée.

Et il ne mit pas seulement tout son zèle à la faire sortir victorieuse des épreuves parlementaires. Il porta toute son attention sur son exécution. Il s'attacha avec une inlassable ténacité à tirer de la disposition restrictive à laquelle on avait réduit l'internat tout ce qu'elle pouvait donner.

La nécessité de l'internat, en effet, s'affirmait de plus en plus.

La presse républicaine et libérale des départements le défendait avec chaleur.

Les municipalités le réclamaient avec instance. Nombreux furent les maires qui, après la discussion de l'internat à la Chambre, écrivirent à M. Camille Sée que les municipalités qu'ils représentaient étaient prêtes à s'imposer les sacrifices nécessaires à la création d'un établissement d'instruction secondaire de jeunes filles, mais à la condition qu'il fût pourvu d'un internat. Et la loi à peine votée, seize villes, on le sait, sur dix-huit — sauf Rouen et Le Havre — avaient demandé la création d'un établissement avec internat[2]. Aussi M. Edgard Zevort, recteur de l'Académie de Caen, a-t-il pu dire[3] : « Il faut convenir que les 12 avaient raison contre les 453. »

Ce fut aussi l'opinion de M. Charles Zevort, et elle était des plus importantes. Il était connu, en effet, par sa grande expérience et par la rectitude de son jugement. Après avoir exercé les fonctions les plus élevées de l'Université dont il était l'un des membres les plus éminents, il avait été nommé directeur de l'enseignement secondaire, et allait être chargé d'appliquer la loi. Il avait pensé, au début, que l'on pourrait se contenter d'externats. Mais lorsqu'il fut convaincu que l'externat, réduit à sa seule force, priverait la France des avantages de la loi dont l'application serait réduite à quelques villes, il n'hésita pas. En galant homme, disons-le, en patriote qu'il était, il déclara à M. Camille Sée qu'il mettrait désormais tous ses soins à donner satisfaction aux municipalités. Et il se voua avec ardeur à cette tâche. Il chercha à atténuer dans la pratique ce que la disposition relative à

1. Voir *Le National*, 19 novembre 1880; — *La Paix*, 29 novembre 1880; — *Le XIXe Siècle*, 20 novembre 1880; — *La Liberté*, 23 novembre 1880; — *Le Parlement*, 22 novembre 1880; — *La Presse*, 24 novembre 1880..., etc.

2. Rapport de M. Duvaux à la Chambre sur le budget de l'Instruction publique (exercice 1882) et discussion, séance du 9 juillet 1881 ; Lycées et collèges de jeunes filles, préface, p. 28.

3. *Histoire de la troisième République*, t. III, p. 113.

l'internat a de trop absolu... et il comprit qu'il fallait aller jusqu'à l'extrême limite de ce que permet la loi[1].

Aucun crédit, à ce moment, ne permettait à l'Etat de contribuer à la dépense des établissements secondaires de jeunes filles. M. Camille Sée demanda, à cet effet, l'inscription dans la loi de finances d'une somme de 2,000,000. Il pressentait, en même temps, la pensée du Ministre de l'Instruction Publique pour savoir la part que prendrait l'Etat à la dépense de création. Le 15 février 1881, plus de cinq mois avant que fût signé le premier texte réglementaire pour l'exécution de la loi, M. Camille Sée put ainsi aviser les maires que l'Etat contribuerait pour moitié à la dépense des

Charles ZEVORT
Directeur de l'Enseignement secondaire (1879-1887).

Edg. ZEVORT
Recteur de l'Académie de Caen.

externats et à celle des internats pour une quote-part qui varierait suivant l'utilité plus ou moins grande de les créer, et les sacrifices consentis à cet effet par les autorités locales[2].

M. Camille Sée, en même temps qu'il transmettait ces renseignements aux maires, leur adressait, pour leur servir de modèles, des devis de différents types d'établissements d'enseignement secondaire de jeunes filles[3]. Ces devis avaient été

1. *Revue de l'enseignement secondaire des jeunes filles*, 1890, t. II, p. 66.
1. L'Etat a été amené à contribuer pour moitié à la dépense de création de l'internat aussi bien qu'à celle de l'externat.
3. Voir notamment le journal *la France* du 1er mars 1881.
Les devis comprenaient trois séries d'établissements :

Établissements de	100 jeunes filles externes,			50 demi-pensionnaires ;	100 internes.
—	250	—	—	—	—
—	250	—		100 demi-pensionnaires ;	250 internes.

dressés par les architectes municipaux et envoyés, sur sa demande, à M. Camille Sée par les maires de Rouen, Lons-le-Saunier, Grenoble, Auxerre, Amiens, Saint-Étienne, Toulouse, Mâcon, Chambéry, Marseille, Versailles, Annecy, Dijon, etc... Pendant plusieurs mois, il est resté en correspondance avec les maires, et c'est ce qui explique peut-être la rapidité avec laquelle ont été créés les premiers établissements.

Depuis, enfin, tous les jours, toutes les heures, par la création de la revue de *l'Enseignement secondaire des jeunes filles*, par son activité privée, ne s'est-il pas, sans relâche et sans épargne, et pour la plus grande prospérité de cette œuvre, montré l'inlassable gardien de la loi créatrice des lycées de jeunes filles ?.....

Le discours de l'auteur de la loi a donné à la réalité de sa généreuse action, une publicité, modeste sans doute, mais positive, et d'autant plus évidente peut-être qu'elle avait été plus longtemps retardée.

M. Camille Sée s'est rassis, félicité par M. Briand, qui lui serre longuement la main, et M. Ernest Lavisse prend la parole.

Il la prend de cette voix mordante que connaissent bien les étudiants, et pourtant, dans ce vaste Trocadéro, on a, au début surtout, peine à l'entendre. Il salue galamment, au nom de l'enseignement masculin, l'enseignement féminin; et, par sa bouche, ce grand frère très savant, à l'esprit critique (trop critique, semble insinuer M. Lavisse), et un peu désabusé, donne d'affables conseils à sa petite sœur. Il lui recommande, peut-être parce qu'il les a à demi perdues, les vertus de l'enthousiasme. Il l'engage à grandir et à se fortifier, mais en restant, dans sa naïveté et son intimité première, semblable à elle-même.

« Mais si, en allant au même but par les mêmes moyens, avec les mêmes intentions et les mêmes espoirs, on peut dire que nous nous ressemblons comme frères et sœurs, c'est bien comme cela que nous voulons nous ressembler, n'est-ce pas? et pas davantage. Il ne faudrait pas vouloir nous trop ressembler. Ce serait une offense à la nature qui se vengerait. Nous verrions, et tout de suite, s'enlaidir la France, que nous voulons garder très belle... »

Ainsi s'expriment, dans la langue de maître écrivain que M. Ernest Lavisse a toujours à son service, le bon sens avisé et la prudence pédagogique...

M. Lavisse a fait là une jolie leçon de science éducative, familière et élevée tout ensemble, inspirée et spirituelle à la fois, et rehaussée comme en relief dans la phrase nerveuse et souple où se reconnaît sa marque, elle a conquis le public, par son charme autant que par sa vérité.

Mais c'est au tour du Ministre à prendre la parole.

M. Aristide Briand, debout, commence à parler lentement. Sa voix merveilleusement timbrée d'orateur né, sa diction nette, l'autorité incomparable qui, dans la simplicité la plus absolue, se dégage pourtant de son accent et de sa personne, impressionnent dès l'abord, prennent et retiennent l'auditoire entier.

De partout on l'entend; partout on sent qu'il est là, vraiment, le représentant de la Nation Souveraine, que ce moment où il parle est le moment solennel de la journée : tout le monde écoute.

Et, en effet, dès ses premiers mots, le Ministre laisse tomber la formule que nul n'a dite encore, la formule qui, définissant cette fête, la place à son heure, la situe, en quelque sorte, dans un recul puissamment éloigné de l'Histoire, et la revêt de grandeur.

« Nous sommes ici réunis, dit-il, dans le but de commémorer une date des plus importantes dans les annales républicaines, et je pourrais dire, *dans les annales humaines...* »

Juste consécration du passé, ce beau discours de M. Aristide Briand remue les idées les plus hautes, et nous ouvre aussi la plus heureuse perspective sur l'avenir. Ne salue-t-il pas la femme comme « l'égale désormais de l'homme »? Ne l'invite-t-il pas à participer à toutes les plus nobles cultures, ne lui montre-t-il pas le champ, librement accessible, des sciences, des lettres et des arts ?

C'est un hommage magnifique que rend M. Briand, et à l'Enseignement secondaire des jeunes filles, à la femme française qu'il est appelé à former, et qu'il associe au progrès de la civilisation et à la marche ascendante de l'humanité. Ce discours, dont l'expression précise et lapidaire n'exclut pas le rythme cadencé, a la valeur d'une petite œuvre d'art, et la force bienfaisante d'un acte de justice. C'est le plus grand et le plus réel honneur qui, dans cette journée, ait été rendu à l'Enseignement secondaire des jeunes filles, et il y avait des remerciements dans les applaudissements qui l'ont acclamé.

La partie officielle du programme est alors achevée. Le Ministre et les personnages qui l'entourent abandonnent l'estrade. M. Aristide Briand se rend dans sa loge accompagné de MM. Camille Sée, Lavisse, Jules Gautier, L. Liard, Rabier, Charles Dupuy, Chaumié, Bienvenu-Martin, Hugot pour assister à une partie de concert. Ce concert, varié et plantureux[1] avait été composé évidemment pour donner place à tous les arts, et pour rappeler symboliquement, par des impressions de beauté et de grâce, le rôle que la jeune fille, si instruite qu'elle soit, n'abdiquera jamais dans la cité française. Des chœurs amples où se mariaient dans un imposant ensemble les voix et les instruments, de beaux morceaux de chant, fort bien chantés, d'intéressantes danses grecques, ont encadré deux des actes les plus francs et les plus gais de Molière. On eût dit, qu'après avoir si bien proclamé les droits de l'Ève moderne, les organisateurs de la journée par une piquante intention, voulaient, en nous faisant entendre *Le Dépit amoureux*, nous laisser croire en partant qu'il y a peut-être quelque chose qui, dans les rapports entre hommes et femmes, n'a jamais varié, et ne variera jamais : l'éternel jeu de l'amour...

Mais ces subtiles réflexions n'occupaient, sans doute, que le crâne de quelques vieux messieurs. Les rires frais des enfants cascadaient dans l'amphithéâtre ; les grandes personnes les plus graves et les plus décorées de palmes, s'amusaient avec une fraîcheur d'âme digne de l'enfance. « Les professeurs sont aussi jeunes que les élèves », disait quelqu'un. Serait-ce un mal ?

La sortie s'est faite lentement. A la descente des gradins, dans le pourtour, sous les portiques, c'étaient des appels, des exclamations, des reconnaissances. Accourues de tous les Lycées et Collèges de France, des jeunes femmes amies, séparées depuis des années, se retrouvaient, s'interrogeaient, s'embrassaient. Parfois, une dame à cheveux gris serrait les mains d'une maîtresse plus jeune, qui lui désignait à son tour ses élèves : cinquante ans, trente ans, quinze ans, trois générations se croisaient et s'associaient, soit dans le passé, soit dans le futur, et, pour un moment, dans le présent.

Parmi les groupes attardés, chacun enfin regagne, comme à l'arrivée, les moyens de transport les plus divers : et chacun peut se dire, en regardant l'élégante couverture du programme de la journée :

17 mai 1907... *Une Date.* A.

1. Voir p. 111, le programme avec le gracieux dessin dû à Mme Morina, professeur au Lycée Molière.

LA JOURNÉE DE SÈVRES[1]

Célébrée le lendemain de la Fête du Trocadéro, la Fête de l'Ecole Normale de Sèvres a été comme un prolongement plus intime et plus recueilli de cette solennelle séance.

On y fêtait le vingt-cinquième anniversaire de la création de l'Ecole : on y voulait rappeler aussi vingt-cinq ans de souvenirs; on y voulait évoquer, parmi des lieux familiers, un passé tout proche encore, déjà lointain pourtant, et le fixer un instant, mais pour jamais, dans les mémoires et dans les cœurs. Aussi les amis, les anciens professeurs, les professeurs, les anciennes élèves et les élèves de Sèvres avaient-ils été conviés à un rendez-vous fraternel. Ce ne fut pas, à proprement parler, une cérémonie, mais, du matin au soir, une journée d'intimité où (comme l'a dit M. Lemonnier, en expliquant si bien pourquoi) « régna comme une sorte de joie paisible et lumineuse ».

En la réglant, le comité des Fêtes — et dans ce comité, son principal ouvrier, M. Hugot, Mlle L. Belugou, directrice de Sèvres, Mlle Küss, présidente de l'Association amicale des anciennes élèves de Sèvres, les professeurs de l'École, — tous enfin s'étaient appliqués à en faire à la fois une journée de *commémoration*, de *réunion*, de *réception* tout ensemble, ou rien ne manquât, où nouvelles et anciennes Sévriennes, personnages officiels, invités privés, trouvassent à se réjouir et à se féliciter. Et, si difficile que puisse paraître la tâche qu'ils s'étaient imposée, disons tout de suite qu'ils l'ont menée à bien avec un rare bonheur.

Ils ont communiqué leur désir et leur flamme à tous leurs collaborateurs.

A M. François Le Cœur, architecte de l'Ecole, qui, se souvenant que son père a restauré, il y a vingt-cinq ans, l'ancienne Manufacture pour y installer la jeune Ecole, a décoré la vieille maison non seulement en artiste consommé, mais en fils pieux ; aux Répétitrices et Surveillantes qui, avant, pendant et après la fête, ont dépensé sans compter leur intelligente et modeste activité dans l'organisation intérieure ; à l'Économe et à ses aides, qui n'ont rien épargné pour rendre plus confortable et plus commode le côté matériel ;

Aux élèves actuelles, qui ont rivalisé de bonne volonté dans tous les petits offices dont elles se sont laissé charger ; aux artistes même, comédiens, chanteurs, musiciens, élèves du Conservatoire qui, émus de l'élan qu'ils sentaient autour d'eux, ont livré ce jour-là tout le meilleur de leur talent ;

1. Se reporter à tous les documents la concernant. On les trouvera plus loin, p. 115 et suiv.

Aux serviteurs de toute sorte, enfin, depuis les gros fournisseurs jusqu'aux moindres domestiques, qui tous ont semblé apporter à leur besogne — est-ce une illusion ? — quelque chose de plus qu'un zèle officiel.

Aussi la journée de Sèvres a-t-elle offert, dans les trois parties qui l'ont divisée et constituée comme un tryptique mémorable, ce singulier spectacle :

— D'une assemblée générale de sociétaires, qui ne fut qu'une effusion spontanée de confidences, et qu'une causerie pleine d'abandon ;

— D'un banquet de 350 couverts, qui réussit à demeurer un déjeuner intime ;

— D'une matinée artistique, organisée avec tout ce que les Académies nationales et les théâtres subventionnés peuvent fournir de plus brillant qui resta d'un bout à l'autre quelque chose d'aisé, de simple et de cordial, comme une réception privée.

La présence à Sèvres du ministre, M. Aristide Briand, de son directeur du cabinet, M. Jules Gautier, de M. Camille Sée, de M. Edgar Zévort, de M. E. Rabier, directeur de l'Enseignement secondaire, n'a rien oté à cette intimité ; elle y a ajouté, si l'on peut dire : ils ont été pour Sèvres les hôtes attendus et fêtés, les invités de marque qu'on reçoit de son mieux, à qui l'on s'efforce en souriant d'ouvrir, pour les y faire asseoir, le cher foyer...

Mais, mieux que tous les commentaires, les propos qui se sont tenus à Sèvres le 18 mai (discours, allocutions, toasts, improvisations, etc...) dont ont trouvera ici même la reproduction[1], donneront le ton de la journée et en feront saisir le caractère.

Nous ne voulons qu'en raconter, le plus exactement possible, les faits, en indiquer les aspects et en donner le compte rendu.

***

Dès neuf heures et demie, l'Ecole de Sèvres tenait sa grille ouverte, et les membres des Associations des anciennes élèves commençaient d'y arriver, une à une, ou par petits groupes. En même temps que leur invitation au déjeuner, chacune d'elles avait reçu une convocation à l'Assemblée qui devait avoir lieu à la Bibliothèque et, bien que, dans l'ensemble du programme, cette petite convocation fût ce qui tenait le moins de place, elles savaient bien qu'il ne fallait pas manquer ce début de la journée. Empressées, elles avaient refait des trajets jadis accoutumés, repris des chemins autrefois fréquentés. Aujourd'hui, comme il y a vingt ans, c'est samedi, jour de marché ; la grande rue de Sèvres est encombrée de maraîchers ; son pavé raboteux est toujours le même ; l'avenue dont les arbres ont vieilli sans qu'il y paraisse, est semblable à ce qu'elle était...

Rien, ou presque rien n'a changé.

La grande Ecole, massive, calme, dont nulle agitation extérieure ne trahit l'animation interne, est telle qu'elles l'ont quittée. Elles peuvent croire y rentrer après une promenade, pour y regagner leur chambre, ou leur place habituelle, l'étude ou la bibliothèque ; et dans ce jour fantasque de printemps, où les grands soleils éclipsés de rapides et sombres averses font alterner les sourires et les mélancolies, un peu de leur jeunesse se lève, peut-être, autour d'elles, pour les arrêter au passage.

1. P. 73 et suiv.

Mais elles n'ont pas le temps de s'attarder. Elles franchissent les marches du seuil, passent sous l'encadrement de velours vert frangé d'or, très simple, qui garnit l'entrée, et les voici dans le vestibule. Beaucoup, par l'effet d'une vieille habitude, gagnent droit au fond l'escalier de service qui sert seul aux élèves en temps ordinaire. A son pied, dans l'ombre, des huissiers du Ministère ont installé un vestiaire fort bien tenu.

Mais l'escalier d'honneur, aujourd'hui, est accessible à tous. Il est merveilleusement fleuri[1]. Une large corbeille d'hortensias bleus et de fleurs blanches en décore la base; et le long de sa rampe en fer forgé, d'un dessin si pur et si noble, se courbent des guirlandes de glycines mauves rattachées, de place en place, par des touffes de tulipes blanches. L'effet est délicat, frais et charmant. En haut des degrés, la porte à deux battants, donnant au fond de la Bibliothèque, s'ouvre pour l'arrivée, tour à tour, des membres d'honneur de l'Association, anciens professeurs, pour M. Hugot, pour M. Camille Sée, etc...

Une grande table Louis XV, extraite du garde-meuble, a remplacé, dans ce fond de Bibliothèque, les ordinaires tables de travail. Autour d'elle se placent en demi-cercle, à la droite et à la gauche de Mlles Küss et Belugou. M. Camille Sée, M. Hugot, Mlle Michotte, vice-présidente de l'Association et répétitrice à Sèvres, Mlle Sériès, trésorière, Mlle Lochert, surveillante, et Mlle Duparc, répétitrice, toutes deux secrétaires de l'Association, puis les professeurs, ceux d'aujourd'hui et ceux d'hier, qui presque tous sont là. Citons MM. Joseph Favre, Gernez, Terrier, Lucien Poincaré; MM. Darboux, Appell, Lemonnier, Chantavoine, Émile Picard, Perrin, Matignon, Jallifier, Marcel Dubois, Lanson, Paul Desjardins, Brunot, Jacob, Lalande, Barthélemy, Franck, André, Langevin, Miss Williams, M. Hovelacque, etc... Voici Mme Mariage et Mlle Delaporte; voici M. Serré-Guino, qui a pris, lui aussi, le petit escalier. M. Edmond Perrier a été retenu par la maladie d'un des siens, M. Darlu est en tournée d'inspection et n'a pu revenir. MM. Van Tieghem, Dufayard, Haumant, Mme Curie, Mme Henri Marion, Mlle Fanta sont empêchés, mais n'ont pas oublié d'envoyer leurs regrets et leur souvenir...

La vaste et claire bibliothèque est pleine, et bruissante comme une ruche. Non seulement les chaises dorées, les banquettes de velours qui l'emplissent sont garnies, mais les arrivantes s'entassent, debout, dans les embrasures, circulent, se cherchent, se joignent. On se revoit! et l'on se revoit dans ce lieu qui, à lui seul, contient et fait revivre tout un monde...

Les lambris blancs d'un si beau style, les profondes armoires cintrées emplies des livres jadis tant feuilletés, tout est là. Le buste de Mme Jules Favre, placé en face des fenêtres dans une niche ornée de plantes vertes est là aussi. Un somptueux tapis rouge a beau couvrir le vieux carreau; on est chez soi tout de même.

Les yeux brillent et se croisent, les mains se pressent; des signes rapides et joyeux s'échangent; et même quand Mlle Belugou se lève pour ouvrir enfin, d'une brève et cordiale bienvenue, la séance annoncée, le « contact » est établi, rien ne l'interrompra.

Que Mlle Küss lise son rapport de Présidente, et commence à rappeler modestement, mais avec une gravité si élevée et si sincère, les débuts de l'Association et

1. Pour tous les détails de la décoration, nos souvenirs personnels ont été aidés dans ce compte rendu par une très belle lettre que M. Le Cœur, architecte, a bien voulu écrire à M. Camille Sée. Sa précision technique nous a été du plus grand secours.

les premiers temps de l'École ; que Mlle Sériès donne communication d'un limpide et encourageant compte rendu financier, dont se réjouit la Mutualité Sévrienne : qu'enfin les deux professeurs doyens de l'École, M. Lemonnier et M. Darboux prennent la parole, — l'auditoire, non content d'écouter, acclame, commente, souligne une allusion, souffle un mot sous-entendu, se mêle enfin, attentif, impressionnable et vibrant, aux discours, et y participe, si l'on peut dire, du geste, de la voix et de l'esprit.

C'est qu'aussi, par l'organe des deux maîtres qui (avec Edmond Perrier), comptent parmi les plus anciens — et parmi les plus aimés — de l'École, c'est quelque chose comme l'École même qui se fait entendre à ses élèves.

Son histoire se retrace, et toute son existence se résume en ce moment. Pour les anciennes, c'est tout le passé, qui se ranime et se précise. Pour les nouvelles, c'est ce même passé, hier inconnu qui se révèle, leur enseignant au prix de quels efforts, par quelle suite de quels travaux, quelle respectueuse et tenace recherche du vrai, et du mieux, les premiers maîtres de Sèvres, sa première directrice, ses premiers amis sont parvenus à constituer cette École, à lui donner une unité morale et une variété intellectuelle, à lui créer un programme, à établir enfin pour elle et par elle, le plan des études supérieures qui forment les professeurs de notre Enseignement secondaire féminin.

Il y a de ces regards qu'on ne jette qu'une fois en arrière, au tournant de la route, alors que la perspective de la première étape achevée va bientôt disparaître. Ils enchaînent hier à demain car il faut savoir avec certitude d'où l'on vient pour connaître avec clarté où l'on va.

L'École de Sèvres avait sa tradition, mais elle était peu ou mal connue. M. Lemonnier, d'abord, M. Darboux, ensuite, ont fait mieux que de nous l'exprimer ; la vivacité, l'originalité de leurs propres souvenirs lui ont, si l'on peut dire, donné un corps ; ils l'ont dressée, vivante, devant nous, et nous l'ont fait toucher du doigt avec vénération, et avec tendresse... Avec humour aussi ! Il ne fallait pas trop s'attendrir, pour que cette fête restât une vraie fête, et pour obéir encore à la tradition de l'École, où quelque malice sans méchanceté a toujours été de mise.

Ces messieurs gardent en leurs discours, demi-lus, demi-parlés, les intonations habituelles de leurs conférences journalières. Ils causent. Ils s'interrompent, se reprennent, ajoutent à leur texte une fine incidente ou une ironique parenthèse.

Rien de moins officiel, rien de plus pénétrant, de plus bienfaisant, que cette paternelle et spirituelle camaraderie. C'est quelque chose d'unique. Quelqu'un murmure, derrière nous : « C'est de l'essence de Sèvres... » Le mot n'est pas très bon, peut-être, mais l'impression est juste.

***

A onze heures et demie, cette réunion était terminée ; ou plutôt elle se continuait (elle s'est continuée, on peut le dire, toute la journée) mais fractionnée, éparpillée en mille colloques particuliers. On se lève, l'on va, l'on vient. M. Hugot, Mlle Belugou, Mlle Küss, Mlle Lochert, vont les unes recevoir M. Rabier et M. Edgar Zevort, les autres surveiller les apprêts compliqués du couvert. Mlles Michotte, Sériès, Duparc se multiplient en bonnes maîtresses de maison pour recevoir leurs hôtes.

M. Camille Sée se voit entouré d'un groupe de jeunes femmes qui lui présentent leurs hommages, et lui disent : « Nous sommes toutes vos filles, Monsieur! » Très ému, plus ému qu'il ne voudrait paraître, M. Camille Sée s'esquive, sous prétexte de chercher son pardessus. Il dirait pourtant volontiers à ces Sévriennes, si primesautières en l'expression de leur reconnaissance, qu'après le magnifique éloge que lui a décerné la veille, le Ministre, M. Aristide Briand, il n'y a pas pour lui de plus douce récompense que cette effusion féminine... et filiale[1].

Mais, en d'autres coins, bien d'autres rencontres émouvantes se produisent. Anciens professeurs et anciennes élèves s'abordent. Les noms ne viennent pas toujours, tout de suite, aux lèvres des maîtres qui ont vu passer, déjà, tant de promotions. Mais les visages se reconnaissent et se sourient.

A peine a-t-on le loisir de voir que le cabinet Louis XV, attenant à la Bibliothèque a été clos d'une riche portière en velours jaune et meublé, pour la circonstance, de sièges de l'époque, que les études qui y font suite ont été décorées par les élèves elles-mêmes de verdure naturelle, que des frises de feuillage ornent les corridors.

Ce sont les physionomies qui vous arrêtent au passage. Combien variées! Combien expressives! Amies, contemporaines, compagnes retrouvées, ce n'est pas tout. Beaucoup d'anciennes Sévriennes ont, parmi les Sévriennes actuelles, de leurs propres élèves des Lycées qui, demeurées attachées à leurs premières maîtresses, les entourent, les entraînent, les invitent à monter dans leurs chambres ; ou c'est une lingère d'autrefois qui passe ; c'est Amélie, la bonne du cabinet de Mme Jules Favre, qui est venue, elle aussi, entendre les discours, et qui s'en va le long du couloir, de sa même allure toujours penchée comme si elle portait encore la traditionnelle bouillotte, dans son éternelle robe noire et son éternel tablier blanc...

Mais l'heure du déjeuner est arrivée. Il est vrai qu'il faut le temps de caser plus de trois cents personnes[2] à table. Ce n'était pas une petite affaire. Pour tenter de donner satisfaction à tout le monde, on a réuni les convives par promotion[3]. Et de fait, les vingt-cinq promotions sont représentées, les unes (les très anciennes et les toutes récentes) en totalité, les autres en partie. Les professeurs, disséminés, sont placés chacun au centre d'une des promotions contemporaines de leur nomination à l'Ecole, ce qui favorise les unes, et sacrifie quelques autres : mais tout est dominé par l'Histoire, aujourd'hui, même le couvert!

L'aspect de celui-ci est très joli. De longues tables courent à travers le réfectoire, et même dans le couloir adjacent, ce couloir frais et voûté comme un cloître. Les nappes sont couvertes de corbeilles de fruits, de vases de fleurs, de figurines en biscuit du plus gracieux effet. Le réfectoire lui-même, d'ordinaire assez morose, est transformé. Une étoffe jaune, drapée à l'antique, couvre, autour des murs, un soubassement à hauteur d'homme, que surmontent des jardinières d'admirables hortensias bleus. Au plafond, de larges guirlandes de feuillage sont suspendues, et retombent, par leurs extrémités, au long des parois. Le buste de Jules Ferry émerge de la verdure, au fond.

Le table d'honneur est adossée aux fenêtres du centre.

1. Le même incident, nous le savons, s'est reproduit dans l'après-midi, prouvant la spontanéité et l'unanimité de ce touchant mouvement autour du Promoteur de la Loi.

2. Exactement, croyons-nous, *341*. Voir la liste p. 119.

3. Voir p. 119.

Mlle Belugou préside, ayant à sa droite M. Rabier, à sa gauche, M. Camille Sée et M. Edgar Zévort. — Mlle Marthe Velten, M. Le Cœur, M. Ledermann, médecin de l'Ecole, s'y trouvent également.

M. Hugot a tenu, autant que le protocole le lui a permis, à se mettre à un endroit d'où il puisse tout surveiller, et qu'il puisse surtout facilement quitter. A peine a-t-il déplié sa serviette que le voilà debout, en effet. Tout le monde est-il placé? Le service marche-t-il? La musique du génie est-elle installée dans la cour, l'entendra t-on assez, ne l'entendra-t-on point trop? On le voit ici avec une sous-économe, là avec un maître d'hôtel; il disparaît dans l'office; il revient; il ne déjeune pas, et c'est dommage. La cuisine est parfaite, l'ordonnance impeccable, les vins... non fraudés [1]!

Cependant les conversations, un instant hésitantes dans l'étourdissement de tant de reconnaissances, se nouent peu à peu. C'est souvent toute une vie que des camarades de promotion ont à se conter — mariages, naissances, deuils, ambitions déçues ou réalisées; mais chose curieuse, toutes les différences que le temps creuse habituellement entre les existences, personnelles ici, n'ont rien séparé. C'est dans le souvenir qu'on se rejoint, et l'on se rejoint sans secousse et sans effort, bien qu'avec des surprises. On entend s'écrier: Comment, votre fils? Vous avez un enfant! — Comment vas-tu, Madame la Directrice? et mille exclamations plaisantes s'éteignent dans le bruit général.

Voici le moment des toasts.

M. Camille Sée porte simplement la santé du Président de la République, celle du Ministre de l'Instruction publique, de Mlle Belugou, des professeurs, des répétitrices, des surveillantes, des directrices et des professeurs des lycées et collèges de jeunes filles. Il a un mot aimable pour chacun et pour chacune.

M. Rabier a préparé la surprise d'un véritable discours, où la raillerie souriante — et toujours un peu gasconne — du philosophe qu'est demeuré le Directeur de l'Enseignement secondaire assaisonne une éloquence imagée et forte. Il n'a pu se défendre de la tentation de se moquer doucement de soi-même, et de regretter à demi, en public, le temps où sa « haute administration » n'était encore que féconde pédagogie.

Mlle Belugou lui répond par quelques paroles pleines d'à-propos et de tact. M. Darboux ajoute un mot pour porter la santé des répétitrices et surveillantes de l'Ecole. Il est applaudi avec chaleur. La voix vibrante de M. Joseph Fabre va réveiller, à son tour, en une improvisation généreuse, les échos du vieux réfectoire, et remuer les plus anciens, les plus touchants souvenirs.

Une élève de l'Ecole, Mlle Pottecher, s'est glissée jusqu'à la table d'honneur. Galamment, M. Rabier lui cède sa place. Un mouvement se produit: que va-t-elle dire?

Elle commence. Ce sont des vers. Ce sont des vers larges et pleins, dont la voix sonore et nuancée de la diseuse ne laisse perdre aucune inflexion. Leurs strophes s'équilibrent et s'enchaînent avec un art d'une finesse exquise; chacune d'elles fait surgir une image, une idée, et tout ce que ce mot *anniversaire* pouvait faire naître en des âmes de Sévriennes, elles le chantent.

Serait-ce d'une élève? Ce n'est pas possible, cette facture est d'un maître; ou l'Ecole, alors, enfermerait un poète? On s'interroge. On demande l'auteur?

1. Voir le menu p. 118.

l'auteur ? M. Rabier, qui reprend sa place en applaudissant, le nomme enfin : c'est M. Chantavoine.

***

Mais il est deux heures. On quitte le réfectoire, et les groupements, les reconnaissances recommencent dans les couloirs, avec plus de gaieté encore que le matin.

Mlle Belugou, Mlle Küss et M. Rabier sont descendus au-devant du Ministre, qui vient d'arriver. M. Aristide Briand, bien qu'il eût d'abord, fort aimablement, accepté de venir au déjeuner, n'a pu y assister. Mais il a tenu à honorer de sa présence, un instant, la « journée de Sèvres ». Faveur précieuse, qui rehausse singulièrement cette fête et la rend complète. — Il est accompagné du directeur de son cabinet, M. Jules Gautier. Ils gagnent la salle de concert.

C'est une salle improvisée.

Une tente a été élevée sur la « Cour du roi », l'ancienne cour d'honneur, en avant du beau vestibule qui fut jadis la principale entrée de la Manufacture, et qui maintenant précède l'Economat.

Elle est de proportions moyennes. On pouvait faire imposant, on a fait harmonieux. L'architecte, qui a compris, décidément, que cet anniversaire doit être une fête de famille, a banni le rouge d'apparat. La toiture est en toiles blanches qui tamisent le jour sans le fausser. Tout le reste est tendu de jaune clair. Les piliers qui soutiennent la partie centrale et la dégagent des bas-côtés, sont ornés de gerbes de roses jaunes et reliés tout en haut par une frise de velours blanc et de galons d'or. De l'un à l'autre, en tous sens, se joignent des guirlandes de glycines jaunes et blanches, dont chaque grappe enferme une ampoule électrique.

La scène émergeant d'une corbeille de plantes naturelles et fleuries, s'entoure aussi de guirlandes électriques de glycines. Jamais, croyons-nous, plus heureuse combinaison de lumière naturelle et de lumière artificielle n'a été réalisée. Tout cet ensemble est pour les yeux une caresse joyeuse.

Les larges degrés de pierre blanche du grand perron descendent comme de naturels gradins, vers cette salle claire.

Beaucoup d'invités y ont déjà pris place. M. le Ministre, assis entre Mlle Belugou et Mlle Küss, M. Camille Sée, M. Rabier, sont au premier rang. Près de M. Rabier une dame au noble maintien, au doux visage ombragé d'un chapeau de dentelles noires et blanches : c'est Mme Jules Ferry. Elle a bien voulu, elle aussi, en mémoire de son illustre mari, s'associer à la fête de Sèvres, et elle y apporte la grâce de sa présence.

Un public nombreux, où nous revoyons d'abord presque tous les visages du déjeuner, se presse autour d'eux et derrière eux. On peut dire de lui, sans risquer ici d'employer un cliché convenu, que c'est un public *choisi*. Des personnes de condition, d'âge, de rang très divers y sont confondues ; et, sans nulle étiquette, il règne entre elles une égalité vraiment démocratique, cette égalité rare qui est faite de simplicité dans les manières, de liberté, de tolérance et de respect dans les propos.

Le coup d'œil aussi a son élégance. La tenue sobre et généralement fort distinguée des membres de l'Association, s'y marie avec la mise très parisienne de la plupart de leurs invitées. Les toilettes claires et fraîches, les robes de batiste et de linon des jeunes élèves de l'Ecole y donnent une note printanière.

Les Sévriennes d'autrefois remarquent en celles d'aujourd'hui, l'allure réservée, sans gaucherie, ingénue sans hypocrisie, ouverte sans provocation, que des sœurs aînées sont fières et contentes de trouver en des sœurs cadettes... surtout lorsqu'elles peuvent se dire que les cadettes ressemblent à leurs aînées.

Ces demoiselles circulent sans trêve, distribuant des programmes, rendant mille petits services.

Quant à M. Hugot, fidèle à son rôle d'infatigable ordonnateur, il a disparu de nouveau, ou plutôt il est partout à la fois. Les coulisses l'inquiètent. Leur installation n'a pas été des plus faciles.

Pour amener les artistes jusqu'à la scène sans qu'ils soient vus du public, il a fallu aménager entre deux murs de toile, un couloir en pente descendant de la fenêtre de l'économat, laissée ouverte et munie d'un gradin jusqu'en arrière du théâtre. Le poêle de l'économat a bien été rallumé : des pièces de l'appartement de l'économe, mises à la disposition des comédiennes; mais on n'a pu tout chauffer, crainte d'incendie. Si ces dames allaient avoir froid? Si quelque chose allait faire défaut, quelque accessoire manquer? Les élèves du Conservatoire sont-ils arrivés? Ne vont-ils point s'égarer dans le parc ou s'aller divertir en quelque laboratoire? Les vestiaires suffisent-ils pour tant de monde?

Mais tout est là, tout, jusqu'aux fleurs que M. Hugot, qui n'a rien omis, fera offrir tout à l'heure à ses charmantes artistes; et tout marche à souhait.

Le programme[1] n'est qu'un choix de choses rares.

Pour n'en citer que quelques-unes, c'est d'abord la représentation entière de *Il ne faut jurer de rien*, avec la distribution en partie renouvelée que la Comédie-Française vient seulement, il y a peu de jours, de donner à ses abonnés. C'est le premier acte de *Sapho*, par les solistes, les chœurs et l'orchestre du Conservatoire. C'est M. Fauré, lui-même, dirigeant ses élèves et accompagnant ses mélodies. C'est M. Pierné, tenant le clavecin dans l'exécution de son *Ballet de cour*.

Pendant l'entr'acte qui sépare les deux parties du programme, M. Aristide Briand prend congé et quitte Sèvres, accompagné de M. Jules Gautier. Mais le départ du Ministre, que celui-ci a voulu aussi discret que son arrivée, passe presque inaperçu dans le public.

L'animation est extrême et s'épand à loisir, hors de la tente, par toute la vaste et tranquille maison. Autour des deux buffets, qui, comme par enchantement, se sont dressés, l'un dans le parloir, l'autre dans une des études attenant à la bibliothèque, les présentations vont leur train dans un joyeux et cordial tumulte.

Les maris, exclus de la réunion du matin et du déjeuner, sont enfin venus rejoindre leurs femmes, et c'est eux surtout qu'on présente. On se promène dans la cour. On monte, par l'escalier qui sert de piédestal au pavillon de Lully, vers le parc.

Tandis que, sous la tente, la matinée se poursuit, il y a de vertes allées, de petits coins aimés, qui reçoivent de pieuses visites. Quelques curieuses vont entrebâiller les portes de leurs anciennes chambres. Des rêveuses se hasardent dans la bibliothèque, maintenant déserte, où somnolent des huissiers du Ministère.

Et voici que, tandis que s'achèvent en scène les danses anciennes, éclate un choral énorme, mêlé de hurrahs et de rires : ce sont les élèves du Conservatoire qui, groupés autour de l'un des buffets, où des rafraîchissements leur ont été

1. En consulter la reproduction.

préparés, portent à leur manière le toast de la jeunesse artiste à la jeunesse universitaire !

Si leur clameur se prolongeait, elle viendrait se fondre avec les bravos du public qui, avant de se retirer, réclame M. Hugot. On cherche partout celui-ci ; on le trouve enfin ; et les deux aimables danseuses, en costume archaïque, amènent malgré lui, sur le théâtre, M. le Chef du cinquième bureau au Ministère de l'Instruction publique.

Jusqu'au bout, la fête de Sèvres n'aura rien eu d'officiel ni de banal.

***

Maintenant, si l'on se demande, après quelques semaines écoulées, si toute cette joie épanouie a eu un lendemain, si cette paix lumineuse a continué de se répandre au delà de ce jour unique, on peut répondre avec assurance : oui.

Autrement, mais autant, mais plus peut-être que la fête du Trocadéro parce qu'elle fut plus familiale, la fête de Sèvres a relevé des courages, ramené des volontés à l'œuvre de progrès que poursuit l'Enseignement secondaire des jeunes filles.

Il faut avoir été, jeune fille ou jeune femme, isolée et perdue en un coin de province lointaine et hostile, avoir travaillé dans la solitude à des tâches ingrates, s'être crue oubliée et malheureuse, pour sentir tout ce qu'une journée comme celle de Sèvres a rendu de chaleur et fait rentrer de sérénité dans des âmes délicates et ombrageuses, qu'avaient froissées les difficultés de la carrière ou les duretés de la vie.

Des impatientes qui avaient songé un instant (peut-être) à quitter leurs fonctions pour essayer ailleurs leur initiative, se sont senties rattachées à leurs origines intellectuelles et ont été reprises pour jamais par le labeur commencé.

Et les sceptiques, les timides, celles, ceux qui ont connu les jours troubles où l'Ecole de Sèvres, l'Enseignement secondaire tout entier, semblaient abandonnés de ceux mêmes qui auraient dû le défendre, où l'on pouvait se demander « si Sèvres vivrait », quelle certitude désormais affermie, quelle foi leur a été donnée par le spectacle de Sèvres en fête, recevant dans son intimité les plus hauts personnages !

Pour les invités de l'après-midi, enfin, l'accueil que l'Ecole leur a réservé était de nature, plus que tous les prospectus, les affiches, plus que toutes les « campagnes de presse », à les persuader que l'enseignement secondaire laïque, s'il est un monstre, est un monstre fort engageant auquel ils peuvent avec sécurité confier leurs filles.

Michelet écrivait jadis une page enthousiaste, et, comme beaucoup de ses pages, peut-être un peu visionnaire, sur l'éducation du peuple par les fêtes.

La journée de Sèvres, sans pompe et sans emphase, semble avoir réalisé son vœu : elle a été une *Fête éducatrice*.

Marguerite Aron.

***

Henri MARION

Professeur de la Faculté des lettres de Paris (Science de l'éducation).

Georges MOREL

Directeur de l'Enseignement secondaire (1887) *Ancien Inspecteur général.*

O. GRÉARD

Vice-Recteur de l'Académie de Paris Membre de l'Académie française.

Louis LIARD

Vice-Recteur de l'Académie de Paris
Membre de l'Institut.

Gabriel COMPAYRÉ

Inspecteur général
Ancien Recteur de l'Académie de Lyon
Membre de l'Institut.

Jules GAUTIER

Conseiller d'État
Ancien Directeur de l'Enseignement secondaire
Ancien Inspecteur général.

POST-SCRIPTUM

Quelques réunions, plus intimes encore que celle de Sèvres, ont eu lieu, autour de ce vingt-cinquième anniversaire de la création des lycées de jeunes filles, chez M. Camille Sée.

Ces réceptions, toutes privées, ont commencé le jeudi 16 mai. Puisque le *Temps* du 18 mai a déjà fait connaître les noms de quelques-uns des invités, nous n'éprouverons pas de scrupules à donner la liste complète des convives de ce dîner.

C'étaient d'abord M. Aristide Briand, ministre de l'Instruction publique ; puis M. Jules Gautier, inspecteur général, directeur du Cabinet ; MM. Hugot, Darboux, Appell, Lemonnier, Adolphe Carnot ; MM. les inspecteurs généraux de l'Instruction publique Gabriel Compayré et Lucien Poincaré ; Edgar Zévort, recteur de l'Académie de Caen ; M. Adolphe Brisson qui fut le premier secrétaire de cette Revue fondée, il y a vingt-six ans, par M. Camille Sée ; Mlle Belugou, directrice de l'Ecole normale de Sèvres ; Mlle Küss, présidente de l'Association des Anciennes Elèves de Sèvres ; Mlles Michotte, vice-présidente ; Sériès, trésorière ; Lochert et Duparc, secrétaires ; Mlle Desprez, présidente de l'Union des Associations d'Anciennes Elèves des Lycées ; enfin, trois élèves de l'Ecole de Sèvres, élues par leurs compagnes pour représenter les trois promotions actuelles : Mlles Rudler, Gazeau et Stieljès.

Ce dîner réunissait autour du Ministre quelques-uns des plus anciens et des plus dévoués amis de l'enseignement secondaire féminin, des membres du Comité des fêtes, et le Bureau de l'Association de Sèvres. Mais il ne faisait point de place aux lycées, et le promoteur de la loi tenait à recevoir les lycées et les collèges, dans la personne de leurs directrices.

Le temps, malheureusement, lui était mesuré par les vacances de la Pentecôte.

Pourtant, deux déjeuners, le dimanche et le lundi, un dîner le dimanche soir, lui permirent d'inviter toutes les directrices de lycées et un tiers environ des directrices de collèges.

L'ordre adopté pour ces invitations a été l'ordre de création des établissements représentés par les Directrices.

MM. Jules Gautier, directeur du Cabinet, Rabier, directeur de l'Enseignement secondaire, Hugot, chef de Bureau au Ministère, Fortemps, sous-chef, MM. Chantavoine, professeur à l'Ecole de Sèvres, Joseph Fabre, Seignobos, Marcel Charlot, Fringnet, etc., enfin quelques professeurs des lycées de jeunes filles, en relations avec M. Camille Sée, ont pris part également à ces réceptions.

Les rencontres et les entretiens qu'elles ont permis auront aidé, nous l'espérons, à resserrer la solidarité qui existe nécessairement entre les membres du Personnel chargé de faire vivre et prospérer l'enseignement secondaire des jeunes filles. Quelques principes ont pu s'y éclaircir, confirmés par l'expérience, quelques idées essentielles rendues manifestes par la pratique, s'y fixer. Sur la question de l'internat, notamment, on a été à peu près unanime à constater que le pensionnat de jeunes filles est, en France, indispensable, et à souhaiter que la loi facilite son ouverture et son existence.

On a causé également économie domestique, hygiène, droit, programmes et pédagogie féminine, et l'on a parlé, avec beaucoup de sollicitude, de tendresse, de respect et d'espoir, des jeunes élèves qui seront les femmes françaises de demain.

CETTE PLAQUETTE EST L'ŒUVRE DE L'ÉMINENT GRAVEUR-STATUAIRE J.-C. CHAPLAIN,
MEMBRE DE L'INSTITUT.
ELLE A ÉTÉ OFFERTE A M. CAMILLE SÉE
PAR LES FEMMES DES PREMIÈRE ET DEUXIÈME CIRCONSCRIPTIONS DE SAINT-DENIS (SEINE).

LA JOURNÉE DU TROCADÉRO

Discours de M. Camille Sée.

MONSIEUR LE MINISTRE DE L'INSTRUCTION PUBLIQUE,
MESDAMES,
MESSIEURS,

On a dit que la loi qui a créé l'enseignement secondaire des jeunes filles n'avait pas connu les bonnes fées à son berceau.

Elles ne sont, en effet, venues que plus tard, alors que la loi allait à la victoire et à l'honneur. Mais le cortège qu'elles lui ont fait a été si enthousiaste qu'on les eût étonnées peut-être en leur disant qu'elles n'avaient pas été à la peine.

A force de vivre avec les humains elles ont fait comme eux. Elles ont commencé par s'abstenir et, quand le succès s'est dessiné, elles sont allées à lui.

Combien de personnes ont opposé leur inertie, leurs railleries, leur hostilité même à la loi qui se sont ensuite vantées de l'avoir bien accueillie, soutenue et menée au succès.

Si je rappelle ces souvenirs, c'est pour satisfaire au vœu qu'a bien voulu me manifester, sur l'initiative des dames qui en font partie, le comité d'organisation de la fête.

Il m'a demandé, en effet, de dire les conditions dans lesquelles est née cette loi et d'en faire devant vous le bref historique.

La loi a été proposée au milieu de l'indifférence du pays et des Chambres.

La proposition de loi n'avait figuré dans aucun programme électoral.

La pensée qui l'avait dictée passait à la Chambre pour généreuse mais chimérique.

Les journaux amis à Paris gardaient le silence tandis que les journaux hostiles, dès le début, publiaient, contre les lycées de jeunes filles, des articles pleins d'aigreur et d'ironie.

En revanche, la presse étrangère soulignait tout de suite avec sympathie l'intérêt de la proposition de loi.

C'est la presse républicaine et libérale des départements qui, la première, comprit et signala l'importance de la loi, et qui aida à la faire triompher. Elle fut vaillamment secondée, nous aurions mauvaise grâce à l'oublier, par les journaux hostiles dont les attaques, chaque jour croissantes, contribuèrent autant, si ce n'est plus, que les partisans de la loi, à grouper, à la Chambre des députés, une majorité favorable.

Au Sénat, où la majorité appartenait aux adversaires de la République, la proposition courait grand risque d'être repoussée.

La Commission, présidée par Hippolyte Carnot, eut pour rapporteur M. Broca qui fut, avant l'ouverture de la discussion, remplacé par Henri Martin. Défendue avec ardeur par le rapporteur et aussi par le Ministre de l'Instruction publique, Jules Ferry, qui mit tout son talent, toute son énergie au service de cette cause, la proposition de loi fut votée.

Elle avait subi au Sénat de légères modifications, qui nécessitèrent son renvoi à la Chambre des députés où elle fut, cette fois, adoptée sans discussion. La proposition avait couru de trop grands risques pour l'exposer à des périls nouveaux ; car aujourd'hui encore on se demande comment, en présence de tous les obstacles accumulés, elle a pu traverser victorieusement les différentes épreuves de la procédure parlementaire et devenir loi.

L'enseignement des jeunes filles, il y a trente ans, dans les écoles laïques, comme dans les couvents, était élémentaire. On y ajoutait dans les pensionnats, les arts d'agrément.

La femme était à peu près restée dans l'état d'infériorité intellectuelle et morale où elle se trouvait aux jours de la Révolution française.

Tandis que l'Assemblée législative avec Condorcet, la Convention avec Lakanal, plaçaient, dans leurs projets relatifs à l'instruction primaire, sur le même plan, les garçons et les filles, les Assemblées qui ont suivi n'ont pas accordé à la femme même l'enseignement élémentaire.

Hippolyte Carnot, en 1848, avait proposé d'établir l'enseignement primaire des filles. Son projet ne fut même pas discuté ; il fut remplacé par le projet Falloux qui est devenu la loi du 15 mars 1850.

C'est en 1867 seulement que se fit un premier pas en avant, en ce qui concerne l'enseignement primaire, grâce à un ministre libéral, Victor Duruy, qui, de plus, après que Jules Simon eut signalé, au Corps législatif, l'insuffisance de l'enseignement féminin, provoqua, à l'usage des jeunes filles, l'ouverture par les municipalités de cours secondaires.

Mais à ces cours tout faisait défaut : programmes, locaux, subsides, directrices, professeurs et même élèves. Ces cours, limités au semestre d'hiver, n'offraient à leur auditoire que deux ou trois enseignements. Les jeunes filles, dont on n'exigeait aucune condition d'âge ou d'aptitude, ne faisaient pas de devoirs, n'étaient pas interrogées. Les professeurs ne les connaissaient pas.

C'étaient moins des cours que des conférences auxquelles assistaient les jeunes filles accompagnées de leurs mères ou de leurs gouvernantes. Ces cours enfin dans certaines villes avaient un caractère primaire ou professionnel. Ils ne vécurent au reste qu'une vie éphémère et disparurent, sauf de rares exceptions, avec le ministre sous les auspices duquel ils avaient été ouverts.

Telle était à ce moment la pénurie de l'enseignement des femmes que l'évêque d'Orléans Dupanloup pouvait écrire : « L'instruction de la femme est légère, frivole, superficielle quand elle n'est pas fausse. » Et il ajoutait quelques mois plus tard : « L'instruction parmi les femmes est une exception. » Et encore ne parlait-il que des femmes du monde, c'est-à-dire des privilégiées, qui vivent dans les milieux où il est aisé de donner aux enfants une certaine culture. Quant aux autres, qui constituaient l'immense majorité des jeunes filles, elles étaient condamnées à se mouvoir dans le cercle étroit de l'enseignement primaire et à vivre dans l'état de médiocrité intellectuelle des femmes d'un autre âge.

Il y avait là une méconnaissance complète des droits, de la personnalité, de la conscience de la femme, en même temps qu'un danger pour la famille et la société.

Après le coup de foudre de 1870, qui avait réveillé la France en lui rappelant cruellement ce que devient un peuple qui n'est pas maître de ses destinées, la reconstitution de l'armée fut la préoccupation immédiate, et est restée le souci constant des représentants du pays.

Mais dans l'œuvre de régénération d'un peuple que serait la force matérielle sans la force morale ? Et cette vertu qui peut la donner si ce n'est la femme ?

N'est-ce pas la mère qui met dans notre cœur les premiers sentiments, dans notre cerveau les premières idées, qui nous fait à son image, qui nous marque de son indélébile empreinte ?

Et, qui ne voit alors que de la femme dépend le sort de la famille et, partant, celui de la Nation elle-même ?

Sous peine de commettre la plus lourde des fautes, il fallait dissiper les ténèbres qui voilaient la vérité et cachaient la lumière à la femme. Il y avait un intérêt social à l'instruire et à l'élever, car l'instruction, pour la femme comme pour l'homme, ne va pas sans l'éducation. Il fallait, en tenant compte des différences résultant de leurs aptitudes, de leurs vocations, de leurs destinées, créer pour les jeunes filles, et avec des internats fortement organisés, un enseignement secondaire, analogue, correspondant à celui des jeunes gens.

L'internat est nécessaire parce qu'il permet l'accès du lycée à toutes les jeunes filles de la campagne aussi bien qu'à celles des villes, alors que l'externat ne s'adresse, en général, qu'aux familles de la localité où il est établi. Et encore, même dans ce cas, l'internat est-il utile parce qu'il est bon que la jeune fille, avant de quitter la maison paternelle pour fonder une maison nouvelle, vive pendant quelque temps au milieu de ses compagnes, afin de former son caractère, de faire l'apprentissage de la vie et d'être à même de bien remplir sa destinée.

Ces considérations faisaient une obligation à l'Etat de prendre la direction et la responsabilité de l'internat, qu'il était facile, en se concertant avec les municipalités, d'établir dans les villes ou la campagne.

Il eût été aisé d'ouvrir, à l'extrémité des villes, à côté de l'externat, de riants internats.

On aurait pu, à la campagne, dans de vastes propriétés, organiser les lycées d'internes. C'est ainsi que procèdent, avec succès, les peuples les plus préoccupés de l'éducation du caractère et de la préparation à la vie sociale, comme en témoignent, aux Etats-Unis, par exemple, les collèges féminins de Vassar, de Wellesley, etc.

On eût groupé autour du lycée de petits internats, confiés à un personnel qui, pour sa part, chargé de l'éducation des jeunes filles les eût initiées à leur rôle dans la famille. On eût associé à cette tâche des maîtresses étrangères qui, en conversant avec les élèves, leur auraient, en outre, enseigné les langues vivantes.

Ces internats, on le voit, n'eussent rappelé en rien « les geaules de jeunesse captive » dont parle Montaigne.

On eût adopté différents types d'internats modèles, réunissant toutes les conditions morales et matérielles de nature à donner satisfaction aux familles.

C'est ce qu'avait proposé la Commission de la Chambre des Députés. Elle avait accepté le principe de la création obligatoire d'un certain nombre de lycées types, destinés à la fois et aux internes et aux externes. Ils devaient être créés grâce aux efforts combinés de l'Etat, des départements et des communes. L'Etat ensuite devait ouvrir des externats auxquels il lui eût été loisible d'adjoindre des internats.

La Commission de la Chambre tenait l'internat pour nécessaire ; elle le considérait comme la base sur laquelle devait reposer la loi.

Malheureusement, parmi ceux qui, en principe, acceptaient la loi, il en est qui l'attaquaient dans ses forces vives en cherchant à la priver de l'appui considérable que devait lui assurer l'internat. Ils ne l'admettaient que facultatif et voulaient en faire une institution municipale.

Ils persuadèrent la Commission qui abandonna sa rédaction en pleine séance.

Le texte primitif fut repris par le rapporteur qui ne parvint pas à convaincre ses collègues.

La disposition ne réunit que 12 voix et la Chambre vota, par 453 voix, l'internat facultatif qu'elle abandonna à l'initiative et aux soins des municipalités.

C'est le texte que vota le Sénat en réduisant encore le rôle de l'Etat dans la fondation de l'internat.

Les adversaires de la loi, après le vote par la Chambre des Députés, de la disposition relative à l'internat, considéraient la proposition comme compromise. L'un de leurs journaux les plus autorisés [1] écrivait le lendemain : « Elle (la Chambre) a maintenu l'internat dans certaines conditions spéciales qui rendent illusoire le vote de la loi. »

C'était exagéré. Mais, comme le constate le fils du regretté Charles Zévort, M. Edgar Zévort, recteur de l'Académie de Caen, dans son *Histoire de la Troisième République* [2], « il faut reconnaître, expérience faite, que les 12 avaient raison contre les 453 ».

Les barrières dressées entre l'internat et l'externat se sont au reste peu à peu abaissées. Dès le début, les frais de création de l'internat comme ceux de l'externat ont été faits moitié par l'Etat, moitié par les municipalités. Plus tard l'externat et l'internat, que l'on avait placés d'abord sous l'autorité de deux directrices distinctes, ont été réunis, en ce qui concerne l'éducation, et confiés à l'autorité unique de la directrice du lycée.

La nécessité de l'internat est de plus en plus démontrée par les faits et reconnue par l'opinion. Les rapporteurs du budget du Ministère de l'Instruction publique l'ont, à différentes reprises, constatée, et le temps n'est peut-être pas éloigné où l'on devra proposer aux Chambres, pour qu'elle passe dans la loi, la rédaction qu'avait adoptée au début la Commission de la Chambre des Députés.

Mais pour permettre à toutes les jeunes filles de participer au bienfait de l'enseignement secondaire il ne suffisait pas d'ouvrir des internats. Il fallait de plus que l'enseignement fût respectueux de toutes les opinions, de toutes les croyances.

Après avoir tenté de réduire le lycée à l'externat, afin de le mettre hors de la portée des familles, on essaya de les persuader que son enseignement porterait atteinte à la liberté de conscience.

Il en eût été ainsi si l'enseignement nouveau avait donné « à des dogmes particuliers, comme le dit Condorcet, un avantage contraire à la liberté des opinions ».

Les Chambres loin de là, ont mis un soin scrupuleux à assurer le respect de la liberté de conscience qu'elles ont considérée comme la première et la plus intangible des libertés.

1. *La Gazette de France* du 22 janvier 1880.
2. T. III, p. 113.

L'Etat donne, dans les classes, qui réunissent toutes les élèves sans distinction de culte, l'enseignement moral, c'est-à-dire l'enseignement de la morale antérieure et supérieure aux lois écrites, commune à toutes les croyances, à tous les braves gens, et qui, réfractaire aux divisions religieuses, tend sans cesse vers le bien et la vérité.

Les Ministres des différentes religions donnent, en dehors des classes, aux jeunes filles de chaque culte, l'enseignement qui est du domaine particulier de la conscience.

Lorsque, au siècle de la Révolution, pour me servir de la formule lapidaire de l'un de nos universitaires les plus éminents, M. Gabriel Compayré, « la préparation à la vie remplaça la préparation à la mort », les philosophes demandèrent que l'éducation fût laïque et que la morale, dégagée de tous liens confessionnels, fût enseignée au nom de la Nation.

Cette solution si simple qui, tout en respectant les droits de la liberté de conscience, sécularise l'enseignement de la Morale, il a fallu un siècle, le XVIIIe, pour la préparer.

Il a fallu un siècle, le XIXe, avant que cette solution passât dans nos lois, et la loi sur l'enseignement secondaire des jeunes filles est la première qui l'ait consacrée.

Aussi la morale occupe-t-elle la plus grande place dans l'éducation des jeunes filles.

Elle la domine.

Elle en est l'âme.

Elle a, par conséquent, été placée en tête des programmes pour être, ainsi que le demandait Talleyrand, « enseignée comme une science véritable » et pour rayonner sur tous les autres enseignements. Chaque professeur en effet, dans sa classe, peut et doit faire de la morale.

A la suite de l'enseignement moral, figurent :

La langue française ;

Les littératures anciennes et modernes, qui font connaître les chefs-d'œuvre de l'esprit humain ;

Les langues vivantes, à la fois pour les parler et pour lire, dans le texte, les auteurs qui ont illustré les littératures étrangères ;

La géographie rattachée à la cosmographie ;

L'histoire, mais en négligeant la chronologie, les nomenclatures détaillées, qui surchargent inutilement la mémoire. Il faut se souvenir de ce que disait Voltaire : « les détails inutiles qui ne mènent à rien sont dans l'histoire, ce que sont les bagages dans une armée, *impedimenta* ; il faut voir les choses en grand par cela même que l'esprit humain est petit et qu'il s'affaise sous le poids des minuties. » Il faut s'attacher aux événements importants, faire voir leur origine, leur cause, leur enchaînement, en tirer les conséquences, faire la philosophie de l'histoire ;

L'arithmétique, les éléments de la géométrie, de la chimie, de la physique, de l'histoire naturelle, jusques et y compris la physiologie qui est l'un des enseignements les plus importants et par lui-même et parce qu'il se rattache étroitement à l'hygiène et à l'économie domestique, auxquelles la loi a réservé une large place dans les programmes.

Il ne suffisait pas, en effet, de cultiver et d'orner l'esprit de la jeune fille. Il était nécessaire de la mettre à même de remplir son rôle de gardienne de la santé au foyer domestique.

Epouse, mère, la femme doit être l'auxiliaire éclairée du médecin.

L'hygiène est par excellence la science de la maîtresse de maison, de la mère de famille.

Et c'est encore à la maîtresse de maison qu'a songé le législateur lorsque, à côté de l'hygiène, il a proposé à la future ménagère, l'étude, à la fois théorique et pratique, de l'économie domestique.

Les programmes ont fait aussi une place aux notions de droit. La jeune fille, en effet, ne doit pas ignorer l'organisation du pays. Et il faut qu'elle ait au moins un aperçu de notre droit réduit aux éléments qui intéressent en particulier la femme.

Les travaux à l'aiguille, le dessin, la musique, la gymnastique sont le complément naturel de l'enseignement secondaire des jeunes filles. Ils provoquent, après le travail, la détente de l'esprit.

La loi, enfin, a inscrit au programme, la pédagogie, destinée d'une façon plus spéciale aux jeunes filles qui se préparent au professorat, mais accessible et profitable à toutes les élèves. Toutes les femmes, en effet, sont appelées à être éducatrices, puisqu'elles sont appelées à être mères.

L'enseignement secondaire que les jeunes filles ont dû attendre jusqu'en 1880, a eu du moins cet avantage inappréciable de n'être pas, comme celui des jeunes gens dont les programmes ont tant de peine à se fixer, gêné par l'encombrant bagage du passé.

Le terrain était libre, et le législateur avait toute liberté pour tracer le programme.

A côté des parties du programme qui visent essentiellement l'éducation de la femme, la loi a fait place aux enseignements qui conviennent également aux jeunes filles et aux jeunes gens. Il allait de soi que ces enseignements seraient féminisés, c'est-à-dire appropriés aux jeunes filles.

Les vocations, en effet, comme les destinées, diffèrent. Il eût été aussi absurde d'instruire que d'élever de la même façon, les jeunes filles et les jeunes gens.

Il n'y a pas sans doute deux morales, l'une personnelle à l'homme et l'autre à l'usage de la femme. Mais ils ont chacun des devoirs particuliers. Il est aisé de mettre en lumière ceux de la femme et d'insister sur son rôle dans la famille et la cité.

De même pour l'histoire, il faut insister sur la condition de la femme, l'action qu'elle a eue sur les événements, le rôle qu'elle a joué dans l'éducation des peuples, l'influence qu'elle a excercée sur l'avenir des nations.

Les sciences, les mathématiques surtout, demandent une grande discrétion. Elles ne doivent pas être enseignées aux jeunes filles comme à des candidats aux écoles spéciales.

Il en est de même de la physiologie et de l'hygiène. Elles ne peuvent être professées comme à la Faculté de Médecine ou à la Faculté des Sciences. Mais elles doivent offrir à la jeune fille toutes les connaissances qu'exigent le soin de sa propre santé et les devoirs de sa vie domestique. Et il faut initier les élèves à ces sciences sans fausse pruderie. C'est une question de tact ; on peut tout dire. Il y a la manière. Sous cette réserve, ces enseignements doivent être donnés d'une façon aussi complète que possible.

Les diverses parties du programme des lycées de jeunes filles forment, on le voit, un ensemble harmonieux.

Le programme d'études littéraires si riche qui, s'il était seul, pourrait livrer les jeunes filles aux caprices de leur imagination, est tempéré par un programme d'enseignement scientifique qui fortifie leur raison et les familiarise avec les réalités de la vie pratique.

En même temps que l'enseignement il fallait créer le personnel.

La direction des lycées de jeunes filles a été, dès le début, confiée à des femmes.

Mais comme la loi exigeait que les professeurs fussent munies de diplômes réguliers, on fut obligé, dans les premiers temps, de recourir au personnel des lycées de garçons sous cette réserve, indiquée par la Commission de la Chambre des Députés, que la préférence irait au personnel féminin, lorsqu'il serait capable de donner l'enseignement. Il était naturel en effet de faire donner aux femmes l'enseignement par les femmes et de leur ouvrir largement, sinon exclusivement, une carrière pour laquelle elles ont des aptitudes spéciales, alors surtout qu'il s'agit de l'éducation des jeunes filles. La femme sait mieux se faire comprendre et se mettre à la portée des jeunes filles. Elle les connaît mieux que l'homme. Plus que lui elle appelle leur confiance et, seule, à un âge où elles éprouvent le besoin d'épancher leur cœur, elle peut recevoir leurs confidences.

C'est pour former ce personnel qu'a été fondée l'Ecole des Professeurs-femmes de Sèvres.

Telle est l'œuvre qui, commencée en 1878 a, le 21 décembre 1880, abouti à la loi créatrice de l'enseignement secondaire des jeunes filles et, le 29 juillet 1881, à la loi qui a fondé l'Ecole des Professeurs-femmes.

L'enseignement secondaire des jeunes filles, comme l'a constaté l'éminent vice-recteur de l'Académie de Paris, M. Louis Liard, « était debout, solide et bien planté ».

Et comme le disait, en 1889, dans son rapport au Président de la République, le Ministre de l'Instruction publique, M. Armand Fallières, « il fut dès lors possible d'élever d'après les mêmes principes tous les enfants d'une même famille ».

Cette œuvre, dont ne cessent, depuis vingt-cinq ans, de s'inspirer différents Etats d'Europe, il ne m'appartient peut-être pas de l'apprécier. Mais je me fais un devoir de dire comment la jugeait, quelques heures avant sa mort, dans un écrit qui est le dernier sorti de sa plume, le savant illustre que pleure la France, Marcelin Berthelot : « Voici, disait-il, l'une des œuvres les plus considérables et les plus fructueuses de la République : l'affranchissement des jeunes filles et des femmes au triple point de vue de la pensée, de l'art et de la morale modernes. »

Voyons maintenant les résultats.

L'enseignement secondaire des jeunes filles comprend :

L'Ecole normale de Sèvres,
47 lycées,
56 collèges.

Et l'on est à la veille de créer trois lycées à Paris.

Le nombre des internats municipaux, annexés aux établissements, est de 28 pour les lycées et de 49 pour les collèges. Ces établissements comptent plus de 25,000 élèves, dont deux tiers environ dans les ycées, 113 directrices et un personnel enseignant de 1,936 femmes, dont 295 professeurs agrégées et 324 professeurs munies d'un certificat d'aptitude.

Il existe de plus 65 cours.

Ces cours ne sont pas des « établissements » ; et ils ne sauraient, sans léser la loi qui a créé l'enseignement secondaire des jeunes filles, être confondus avec eux.

Les cours sont provisoires. Ils sont, et c'est leur seule raison d'être, la pierre d'attente de l'établissement dont ils doivent peu à peu adopter les programmes et auquel ils doivent, le plus tôt possible, céder la place. C'est ainsi que l'autorité supérieure se préoccupe de transformer en collèges les cours de Cherbourg, Montélimar, Auch, Bagnères-de-Bigorre, Montbéliard, Fécamp, Cholet et Mirecourt.

Les encouragements de l'État ne doivent pas aller aux cours qui n'ont pas ce but.

Laissez-moi m'arrêter quelques instants à l'École des Professeurs-femmes.

Ouverte en octobre 1881, elle a eu à sa tête la veuve d'un grand orateur, Mme Jules Favre, la veuve d'un grand éducateur, Mme Henri Marion.

L'École est aujourd'hui confiée à une de ses anciennes élèves, Mlle Belugou, hier encore directrice des plus distinguées de l'un de nos plus beaux lycées et présidente de l'Association des anciennes élèves de Sèvres. C'est, on le sait, Mlle Küss, directrice des meilleures et des plus sympathiques, qui préside aujourd'hui l'Association.

Les jeunes filles reçoivent à l'École, les leçons des maîtres les plus remarquables. Je vous demande la permission d'en citer quelques-uns : MM. Gaston Darboux, Secrétaire perpétuel de l'Académie des Sciences, ancien Doyen de la Faculté des Sciences ; Edmond Perrier, membre de l'Académie des Sciences, directeur du Muséum — ils méritent une place à part car ils professent à l'École depuis sa fondation — ; Henri Lemonnier, professeur à la Faculté des Lettres ; Appell, membre de l'Académie des Sciences, doyen de la Faculté des Sciences ; Van Tieghem, membre de l'Académie des Sciences ; Emile Picard, membre de l'Académie des Sciences ; Mme Curie ; MM. Tannery, Perrin, Matignon, André, Chantavoine, Lanson, Jalliffier, Dufayard, Haumant, Jacob, Lalande, Brunot, Mlles Sériès, Fanta, Williams, Delaporte, Mariage ; parmi les anciens : MM. Joseph Fabre, Lucien Poincaré, Lintilhac, Darlu, Terrier, Gernez, Serré-Guino... ; parmi les disparus : Henri Marion, Legouvé, Darmesteter, Petit de Julleville, Lecène, Mlle Dupuy.

L'École essaime, depuis vingt-cinq ans, ses élèves, qui répandent, dans les lycées de jeunes filles, le savoir et les nobles sentiments. Et la mission, au début, avait ses peines, ses tristesses. L'arrivée, par une journée d'octobre, dans une ville inconnue, à l'accueil méfiant, sinon hostile, n'a pas découragé ces vaillantes femmes dont la foi est restée à la hauteur de leur mission. Elles savaient que des jeunes filles qui leur étaient confiées elles allaient faire les femmes dont dépendrait la France de demain, et elles se sont mises à l'œuvre avec une ardeur, une passion qu'ont parfois, hélas ! trahi leurs forces physiques. M. le Ministre de l'Instruction publique, laissez-moi dire à ces femmes admirables mon cordial remerciement, mon tendre respect. Laissez-moi envoyer à celles qui ont succombé à la tâche, je ne me pardonnerais pas de les passer sous silence, un souvenir ému et reconnaissant.

L'enseignement secondaire des jeunes filles, malgré les attaques passionnées qu'il a provoquées, a été créé, s'est développé, s'est imposé.

Le lycée de jeunes filles est entré dans nos mœurs.

Et ainsi s'est accomplie une révolution pacifique que s'est chargé de faire le bon sens français.

Et, peu à peu s'est répandue l'idée qu'il fallait affirmer et dégager la personnalité de la femme, assurer sa culture intellectuelle et morale, affiner son esprit, affermir sa raison, développer son jugement, à la fois, et pour lui donner toute liberté de s'acquitter de ses devoirs envers elle-même, et pour lui permettre de remplir son rôle d'épouse, de mère, de maîtresse de maison dans la société moderne.

Mesdames,

La loi qui a créé l'enseignement secondaire des jeunes filles est tout entière l'œuvre de la Troisième République.

Elle a éclairé votre pensée.

Elle a libéré votre conscience.

Elle a fait de vous la compagne intellectuelle de votre mari.

Elle vous a permis d'être, en pleine intelligence, la première éducatrice de vos enfants.

Elle vous a fait une place dans la cité.

Le législateur, en vous mettant en pleine possession de vos aptitudes, a voulu relever votre dignité, celle du foyer domestique, faire l'unité de la famille, assurer l'unité de la patrie et vous associer à son relèvement.

En me faisant le promoteur de cette œuvre, à laquelle j'ai consacré et à laquelle, jusqu'à mon dernier jour, je donnerai tous mes efforts, malgré les attaques dont je suis l'objet, j'ai été et je resterai fidèle à ma devise :

Pour la Femme !
Pour la Famille !
Pour la Patrie !
Pour la République !

Discours de M. Ernest Lavisse.

Je suis heureux d'avoir été convié à apporter ici le salut de la vieille Ecole normale de la rue d'Ulm à la jeune Ecole normale de Sèvres, ou mieux de l'enseignement secondaire des garçons à l'enseignement secondaire des filles.

Permettez que je dise une raison particulière que j'ai de me plaire à la fête

E. LAVISSE

Professeur à la Faculté des lettres de Paris
Membre de l'Académie Française.

d'aujourd'hui. Il y a plus de quarante ans, je fus nommé directeur général de l'enseignement des filles. Bien grand honneur fait à ma jeunesse ! Mais c'était un titre pour rire que m'avait donné M. Duruy, dont j'étais alors le secrétaire au ministère de l'Instruction publique. L'enseignement des filles qu'il me chargeait de diriger n'existait pas.

Le bon et grand ministre venait de déclarer qu'il était nécessaire de l'instituer. Il avait fait la preuve de cette nécessité par de bonnes raisons. M. Duruy était riche en bonnes raisons, heureusement, car d'argent, il n'avait guère. Il n'apportait pas un sou vaillant à l'entreprise de l'enseignement des filles.

Il fit appel à de bonnes volontés. On commencerait modestement. On n'avait pas de maisons, mais les maires des villes trouveraient bien une petite place, ne fût-ce qu'une salle de mairie. Pas de personnel non plus ; mais les professeurs des lycées et des collèges ne refuseraient pas leur aide à l'éducation des filles. La rétribution de ce travail en surcroît serait modeste ou nulle peut-être. Mais Duruy n'aimait pas qu'on lui parlât de ces choses-là ; il appelait cela « changer la question ». La question était de faire une œuvre nécessaire.

Son appel fut entendu. Des cours s'ouvrirent dans les villes. Ils réunirent quelques centaines d'élèves, pas beaucoup de centaines. L'idée parut extraordinaire. Elle fut très peu comprise. Ceux qui la comprirent le mieux furent ceux qui l'exécrèrent. Des malédictions tombèrent sur nous, mêlées d'injures. Nous nous défendîmes de notre mieux. Mais lorsque le ministère eut été retiré à M. Duruy, les cours secondaires des filles à peine nés, dépérirent. Presque tous étaient morts en l'année 1870.

Comment reparut l'idée du droit des femmes à la pleine éducation, par qui elle fut présentée, soutenue ; comment le Parlement l'accueillit, la part prise à l'œuvre par M. J. Ferry, M. Camille Sée vient de vous le dire. M. Sée fut un des ouvriers les plus utiles de la première heure. Ce doit être pour lui une belle joie d'en admirer le succès cette statistique triomphante, cette courbe ascendante, tant de lycées, tant de collèges, tant d'élèves, et mieux encore, l'opinion conquise, le mérite prouvé du nouveau personnel enseignant, pas une erreur commise, pas un prétexte donné à la malveillance, une aptitude intellectuelle à la tâche, une aptitude morale aussi, et sous la modestie observée, la confiance en soi, l'amour de son métier, la fierté d'accomplir un grand devoir.

Ainsi donc, mesdames, enseignement secondaire des filles, enseignement secondaire des garçons, nous collaborons donc enfin à l'éducation nationale. Nous préparons les enfants à se bien servir de leur intelligence par l'attention la réflexion, le raisonnement, le jugement. Nous cultivons en eux le sentiment du beau. Les lettres, les sciences, les arts, l'histoire, la philosophie sont nos moyens d'éducation. Et en même temps, pendant ces années de collège, peu à peu par la collaboration de tous les enseignements, nous instruisons les jeunes esprits de l'état actuel des connaissances humaines. Car le collège a pour office de transmettre à l'humanité qui va vivre l'héritage de l'humanité qui a vécu.

Mais si, allant au même but par les mêmes moyens, avec les mêmes intentions et les mêmes espoirs, on peut dire que nous nous ressemblons comme frères et sœurs, c'est bien comme cela que nous voulons nous ressembler, n'est-ce pas? et pas d'avantage. Il ne faudrait pas vouloir nous trop ressembler. Ce serait une offense à la nature qui se vengerait. Nous verrions, et tout de suite, s'enlaidir la France, que nous voulons garder très belle.

Il faut donc qu'il y ait entre nos deux éducations des dissemblances. Mais lesquelles au juste? J'ai cru qu'il me serait facile de le dire. J'ai même pensé à en faire comme une théorie qui aurait été mon discours. Etant donné que l'éducation se répartit entre le cœur et l'esprit, lequel doit avoir la plus belle part dans l'éducation des garçons, lequel dans l'éducation des filles? J'étais porté à conclure que l'éducation du cœur devait dominer chez vous. Mais comme je me mis à réfléchir, je m'aperçus qu'il est très difficile de définir au juste le cœur et encore plus la raison. Nous inventons ainsi des abstractions pour la commodité de notre pensée. En y regardant de près, on voit qu'on ne peut s'en servir pour raisonner solidement.

Puis j'ai pensé que peut-être vous n'auriez pas été satisfaites du lot que je vous aurais attribué. J'aurais eu beau marquer une estime particulière au cœur, rappeler que nous savons par Pascal qu'il est très intelligent, et même qu'il a ses raisons que la raison ne comprend pas, et citer aussi une parole profonde de La Bruyère : « Oserai-je dire que le cœur seul concilie les choses contraires et admet les incompatibles?» Vous auriez pu croire que je prétendais vous reprendre quelque chose du droit à la raison qui vous est pleinement reconnu. Et j'ai renoncé. Je vous communiquerai seulement quelques réflexions simples.

Si je ne me trompe, il y a dans l'enseignement des filles une plus grande intimité que dans l'enseignement des garçons. Une maîtresse est plus proche de son élève que n'est un maître, plus de même sorte, si je puis dire. D'autre part une femme, presque toujours croit plus qu'un homme à la puissance de l'éducation, peut-être par l'effet de l'instinct maternel. Quant à l'élève fille, j'ose penser qu'elle n'est pas nécessairement une écolière parfaite. Elle a, je suppose, l'impatience de l'immobilité, l'impatience du silence, une promptitude à sauter d'une branche sur une autre, et maints caprices d'humeur. Mais tout compte fait, elle est plus docile que le jeune garçon.

Une autre différence entre les deux sortes d'élèves, c'est que la plupart des filles, jusqu'à présent du moins ne cherchent dans l'éducation que l'éducation elle-même. Elles ne sont pas hypnotisées par des programmes d'examens. Entre leurs esprits et leurs études ne s'interpose pas la préoccupation d'un coefficient, ne se lève pas l'ombre du monsieur qui cote une copie ou bien une interrogation de 0 à 20. Voilà de très heureuses conditions pour l'enseignement. Réunies elles permettent que chez vous il soit ce que Michelet voulait qu'il fût, la communication de l'intime.

Or, voici un usage que je vous recommande de la grande liberté qui vous est donnée. Le plaisir que vous avez d'aimer ce que vous enseignez, laissez-le bien voir et même montrez-le. L'idée haute que vous vous êtes faite soit des mathématiques, soit de l'histoire, soit des sciences physiques et naturelles, soit des lettres, ne craignez pas de l'exprimer aux occasions offertes. Cela ne répond pas aux questions d'un programme. Mais soyez certaines que c'est l'essentiel de l'éducation. Si chacune de vous, en ce qui la concerne, fait comprendre à ses élèves les diverses curiosités de l'esprit humain, ce qu'il cherche, comment il le cherche, ce qu'il a trouvé déjà, et que cet esprit cherchera toujours et toujours trouvera, vous mettrez dans les jeunes âmes du sérieux, le sentiment de la dignité intellectuelle à laquelle vous les élevez, et en même temps de la confiance en l'humanité.

Cette même amitié de maîtresse à élèves vous permet aussi une sincère éducation du sentiment. J'ai entendu dire que des éducateurs très dévoués à l'enseignement féminin, voudraient réduire à la portion congrue le sentiment, de peur qu'il ne devienne gros mangeur.

Mais s'il est vrai que la principale intention des fondateurs de l'enseignement secondaire des filles ait été de fortifier la raison dans l'âme féminine, et de préciser et d'encourager le sens du réel, du réel qui a l'honneur d'être le vrai, ils n'ont certes pas voulu dessécher la sensibilité, éteindre l'imagination, défendre le rêve. Un collège de jeunes filles où les lettres et les arts seraient des hôtes suspectés, à cause des émotions qu'ils donnent, serait une médiocre maison.

Nous vivons sous le règne de l'esprit critique. Nous sommes en toutes choses des sceptiques préalables. Nous avons besoin de toucher du palpable concret. Des faits ! nous cherchons des faits ! Quand nous les avons trouvés, nous les examinons, les faits intellectuels et moraux, comme les faits physiques et naturels. Nous en cherchons la cause, ou du moins l'antécédent et le comment. Nous avons toujours peur d'être dupés. Ce travail de l'esprit critique est nécessaire et admirable. Depuis qu'il s'est répandu en France, il a produit une liberté intellectuelle qui ne s'y était jamais vue, et qui offre des possibilités à l'avenir. Mais en attendant, la faculté de s'émouvoir est comme suspendue.

En outre, nous sommes des ironistes. L'ironie est encore une précaution contre la duperie possible. Elle est dure aux banalités. Elle tient pour banales de simples vérités essentielles ou les éternels sentiments qui sont le fond de la vie morale, comme le pain est le fond de la nourriture, banal lui aussi, mais pourtant sacré. « Donnez-nous aujourd'hui notre pain quotidien. » L'ironie, par la peur qu'elle inspire du ridicule, nous conduit aux petites lâchetés du respect humain. Genre littéraire où des maîtres excellent, partout répandu, esprit de nos conversations, elle m'inquiète. On ne vit point que de sourires non plus que de critique. Imaginez-vous qu'on puisse se passer et d'admiration et d'enthousiasme ? Je suis bien sûr que non, mesdames. Et nous confions à votre garde ces sentiments qui firent dire et faire de belles choses à la France aux divers moments de son histoire.

Je sais, mesdames, quel soin vous donnez à l'éducation morale. Le péril a été par vous évité de gâter l'esprit féminin par le pédantisme et par l'orgueil du savoir. Il ne sort point de chez vous des « femmes savantes ». Les plaisanteries qui ont accueilli les débuts de l'enseignement féminin ne font plus leurs frais. Vous préparez vos élèves aux devoirs sérieux et charmants de la famille. Vous les préparez aussi, et cela encore est nécessaire, à aimer l'esprit de leur temps. Vous ne prêchez pas des doctrines, certes. Vous ne voulez pas plus élever des femmes politiques que des femmes savantes. Mais vous savez bien dans quel sens va le monde. Votre devoir est d'orienter les jeunes âmes vers cet « ordre nouveau des choses » qu'aucune puissance au monde ne saurait arrêter. Vous en trouvez le moyen dans l'éducation de la sensibilité féminine.

Un des caractères de cette sensibilité est la faculté de compatir. Vous n'avez certainement pas de peine à éveiller chez vos filles la compassion pour les êtres dont la vie est moins heureuse que la leur. Mais faites-leur voir ce que c'est au juste que d'être malheureux.

J'ai entendu parler d'une idée charmante. Des lycées de jeunes filles ont adopté des écoles maternelles L'école maternelle, c'est une belle leçon de choses pour une lycéenne. Elle enseigne qu'il y a des mères qui ne peuvent s'occuper de leurs enfants. Ceux-ci sont venus tout seuls à l'école, les enfants de cinq ans, de quatre ans même, menant les plus petits par la main. Il en est dont la nourriture est douteuse. Ces pieds ne sont pas tous sûrs d'être chaussés, ni ces épaules d'être couvertes. Plusieurs de ces petits êtres n'ont pas bien belle mine. La jeune lycéenne saura par la maîtresse de l'école des histoires lamentables. Elle compatira. Elle travaillera à coudre des vêtements pour les petits. Elle leur donnera des jouets dans des fêtes. Tâchez de savoir pourquoi elle fait ces choses gentilles. Si c'est un mouvement du cœur qui l'y porte, il est louable. Le sentiment religieux du devoir de charité est louable aussi. Mais l'éducation de notre temps doit faire comprendre qu'être secourable à un membre de la communauté qui a besoin d'être secouru, c'est aussi payer une dette. Il faut que nos lycéennes emportent dans la vie une bonne volonté envers le devoir social.

Mesdames, vous voyez que nous attendons beaucoup de cette collaboration dont je parlais en commençant. Elle nous est de tous points nécessaire. La vie générale s'est compliquée singulièrement dans tous les pays, en France plus que partout ailleurs. La France me paraît bien chargée une fois de plus de liquider le passé et de préparer l'avenir. C'est comme sa fonction historique d'essayer et de porter à la perfection les successives formes politiques et sociales. Fonction difficile, voire même périlleuse ! Moi qui suis un optimiste, je crois que de même qu'elle a trouvé les lois et les mœurs des sociétés anciennes la France trouvera celles de la société démocratique. Comment? Quand ? Personne ne le sait. Le certain, c'est qu'elle a besoin des vertus qu'enseigne votre éducation : la raison, l'amour du vrai, le goût du réel, l'enthousiasme, l'espérance, l'amour de la justice. C'est aussi qu'elle a besoin du travail de tous ses enfants. Le temps est passé où nous pouvions nous donner le luxe de dédaigner l'aide d'une moitié de la France.

Discours prononcé par M. Aristide Briand,
Ministre de l'Instruction publique, des Beaux-Arts et des Cultes.

Mesdames, Messieurs,

M. Ernest Lavisse et M. Camille Sée vous ont dit excellemment le sens et la portée de cette fête. Nous sommes ici réunis dans le but de

Aristide Briand
Ministre de l'Instruction publique (1907)
Président du Conseil des Ministres.

commémorer une date des plus importantes dans les annales républicaines, et je pourrais dire dans les annales humaines. Quelle plus grande chose, en effet, que l'union dans l'instruction de l'homme et de la femme! Ce que pendant si longtemps on avait trop séparé, la République l'a réuni, et cela pour le plus grand bien de notre pays et de la civilisation.

Ce progrès avait d'ailleurs été depuis longtemps entrevu et souhaité par les cerveaux les plus grands et par les âmes les plus délicates.

Sans remonter à l'antiquité grecque et notamment aux Spartiates, dont le système d'éducation commune vous est connu, sans vous parler de Xénophon et de son charmant tableau d'intérieur domestique, puis-je oublier Fénelon, dont le langage souvent exquis a su traduire jusqu'aux plus imperceptibles nuances du charme et de la délicatesse d'âme des jeunes filles?

« Rien n'est plus négligé, écrivait Fénelon, que l'éducation des filles. Le plus souvent, la coutume et le caprice y décident de tout... Il est vrai qu'il ne faut pas les pousser dans des études dont elles pourraient s'entêter... Mais n'ont-elles pas à remplir des devoirs qui sont les fondements de la vie humaine... Et les hommes peuvent-ils espérer pour eux-mêmes quelque douceur de vie, si leur plus étroite société, qui est celle du mariage, se tourne en amertume?... Voilà, conclut-il, ce qui prouve l'importance de bien élever les filles. Cherchons-en les moyens. »

Depuis Fénelon, la question de l'éducation des filles n'a fait longtemps que des pas hésitants et saccadés. La Convention qui conçut tant d'œuvres généreuses et magnifiques voulut donner aux jeunes filles leur part dans cette éducation nationale. Un décret du 13 vendémiaire édictait que « les filles s'occupent des mêmes objets d'enseignement et reçoivent la même éducation que les garçons, autant que leur sexe le comporte ».

Trop tôt disparue pour avoir pu réaliser tout son vaste programme démocratique et humain, la Convention ne fit qu'ébaucher son œuvre éducatrice. Il ne fallait pas demander à l'Empire ni à la Restauration une réforme qui n'aurait été ni dans l'esprit ni dans le goût des pouvoirs directeurs d'alors.

Le gouvernement de Juillet créa l'enseignement primaire, mais il se désintéressa des jeunes filles. Carnot, Ministre de l'Instruction publique en 1848, crut que cette époque d'effervescence serait propice à une réforme qui apparaissait alors comme désirable mais encore trop hardie. Duruy, quelques années plus tard, en 1867, alla plus loin. Il organisa des cours pour l'enseignement secondaire des jeunes filles, où l'on peut voir l'embryon de nos lycées; mais c'est seulement le 21 décembre 1880 — date mémorable dans l'histoire de la troisième République — que fut promulguée la loi qui créait définitivement en France l'enseignement secondaire des jeunes filles.

C'est la loi Camille Sée.

Ce sera, monsieur, votre gloire, d'avoir ainsi collaboré à l'œuvre féconde de Jules Ferry et de voir votre nom uni à celui de l'homme qui symbolise dès à présent l'émancipation intellectuelle et morale du citoyen français.

En même temps que la loi qui promulguait en France l'enseignement secondaire des jeunes filles, une autre loi, que, d'accord avec le ministère, vous eûtes également l'honneur de présenter aux Chambres, avait pour objet la création d'une École normale, destinée à préparer des professeurs-femmes pour les écoles secondaires de jeunes filles. Cette conséquence de la première loi, acceptée sans débats à la Chambre des Députés, souleva au Sénat une discussion assez vive, pendant laquelle un membre de la haute Assemblée s'écria : « Un séminaire de jeunes filles, qu'on appelle des professeurs-femmes, je ne connais pas ce monstre. »

Les préventions séculaires contre l'instruction des jeunes filles n'avaient donc pas encore désarmé. Elles eurent même leurs défenseurs dans une certaine presse, où l'on prodigua à la nouvelle institution les sarcasmes et les railleries. On les porta même sur la scène. Mais le bon sens ne tarda pas à triompher. Grâce à l'émulation de l'État et des communes, surgirent partout de clairs et gais lycées de jeunes filles, où les détracteurs de la première heure s'empressèrent eux-mêmes d'envoyer leurs enfants.

En dehors de l'égalité intellectuelle des sexes, qui est ainsi proclamée, le nouvel enseignement avait pour lui une supériorité morale incontestable; celle de laisser se développer, dans le plus large esprit de tolérance, les fleurs de sentiment que toute âme humaine porte en elle. Au point de civilisation où nous sommes, une parfaite éducatrice peut, avec le tact et la délicatesse qui sont particuliers à la femme, réaliser une morale supérieure sans porter atteinte aux croyances intimes de chacun.

L'École de Sèvres nous a donné, la première, l'exemple d'un tel enseignement. Jules Ferry avait eu l'heureuse inspiration de placer à la tête de l'École Mme Jules Favre, qui eut pour principe d'éducation de concilier « le sentiment de la règle avec le respect de la personnalité ».

Selon les principes de cette femme éminente qui, transmis d'année en année, ont donné à l'enseignement de Sèvres sa signification et son unité, toute une vaillante armée d'éducatrices a su faire des jeunes filles de France des femmes à la fois instruites, aptes à la vie, conscientes de leur rôle dans la société et dans la famille et sachant recouvrir leur science sous un voile de charme et de gracieuse simplicité.

Désormais, en France, la femme est vraiment l'égale de l'homme. Capable de travail intellectuel, ne la voyons-nous pas, associée comme l'illustre Mme Curie, aux travaux les plus élevés? Combien d'autres trouvent une gloire plus humble, une satisfaction absolue dans l'aide continue qu'elles apportent à leur époux au foyer, dans le réconfort clairvoyant qu'elles savent patiemment lui donner chaque jour! Laisser les femmes, comme autrefois, dans une demi-ignorance, c'était priver la nation de ses forces intellectuelles les plus pures. Et qu'on ne dise pas que nous formons des pédantes! La femme française est par essence trop fine, trop intelligente, pour ne pas garder au premier rang les qualités qu'on prisera le plus en elle. Du reste, avec les sciences, ce sont les arts qui maintenant sont ouverts aux ambitions féminines. Grâce à elles, ils vont être renouvelés en partie et servir d'expression à cette âme féminine qui nous fut, durant des siècles, si obscure.

Mesdames, messieurs, s'il me fallait, en terminant, formuler un souhait, ce serait uniquement celui de voir se continuer sur l'ensemble de nos lycées de jeunes filles l'action bienfaisante de ces éducatrices d'élite qui ont acquis dans la paisible maison de Sèvres les vertus de vaillance, de patiente bienveillance, d'indépendance et de calme sérénité indispensables à qui veut éveiller les intelligences enfantines et les diriger, sans les contraindre ou les violenter. L'œuvre accomplie depuis vingt-cinq ans est assez belle, elle a porté déjà assez de fruits pour que la République ait le droit d'en être fière. Cette œuvre, elle est éminemment pacifique, morale et patriotique. Continuons-la. Persévérons. Dans le rayonnement de la France au dehors, l'éducation que nous donnons à nos jeunes filles est pour une grande part. On l'a déjà dit sous d'autres formes; je le répète avec une sincérité et avec une conviction profondes : agrandir, meubler et orner l'esprit de la femme — sœur, épouse et mère — c'est fortifier la famille, c'est aussi, mesdames, élever le niveau de la société tout entière.

LA JOURNÉE DE SÈVRES

MATINÉE

Discours de Mlle Belugou, directrice de l'École de Sèvres.

Permettez-moi, à la première heure de cette journée, de vous souhaiter la bienvenue et de vous dire toute notre joie de ce grand revoir.

Notre Sèvres, aujourd'hui fête ses vingt-cinq ans : vingt-cinq ans de chers et gais souvenirs, de bon labeur au dedans et au dehors, de grandes douleurs communes, toujours ressenties.

En nous retrouvant si nombreuses, si unies, si heureuses du revoir, en sentant combien notre École est vivante, notre pensée se reporte avec reconnaissance sur les maîtres respectés qui sont comme le lien commun des promotions successives et dont la présence au milieu de nous ce matin dit une fois de plus l'affectueux dévouement. Ce jour est bien leur jour, il nous est doux de l'attester.

Elle va aussi à nos chefs, à M. le Ministre, à M. le Directeur, et à M. Hugot qui, pour nous, s'est donné tant de peine. Ce sont eux qui ont eu l'idée de ces noces d'argent ; ils les ont voulues très belles, très intimes, très complètes, ils n'y ont rien épargné. Je sais être l'interprète de tous en leur exprimant votre vive gratitude

Un mot encore : les messages de ceux qui, à leur grand regret, ne peuvent être parmi nous ce matin : Mlle Fanta, souffrante ; M. Perrier, très peiné d'être retenu loin de Sèvres ; MM. Van Tieghem, Dufayard, Haumant, Tannery, Mme Henri Marion... empêchés, nous adressent leur plus cordial souvenir. Mme Curie nous écrit une lettre précieuse toute pénétrée d'un intérêt profondément senti pour les élèves de Sèvres.

Beaucoup d'anciennes élèves dont la liste est relevée, liste trop longue pour que je puisse tout lire ou même citer, ont télégraphié ou écrit.

La première dépêche reçue, celle de Mme Dejonas, *née* Lagarde (2e promotion), résume leurs sentiments à toutes : « En ce vingt-cinquième anniversaire de la fondation de notre chère Ecole, je suis de cœur avec vous; vous prie d'être l'interprète de mes meilleurs sentiments auprès de nos éminents professeurs et de toutes les Sévriennes. Souvenir ému à nos chers disparus. »

Enfin, voici le salut de la Roumanie, de toutes les élèves roumaines qui ont été reçues dans notre Ecole, une dépêche de 118 mots, vraie lettre télégraphique envoyée de Bucarest en quatre petits bleus : « Les Roumaines qui ont eu le rare bonheur de passer les meilleures années de leur vie d'étude dans le milieu si distingué de l'Ecole, pénétrées de reconnaissance pour l'accueil cordial et l'hospitalité si large et si généreuse qu'elles y ont trouvés, envoient l'expression de leurs sentiments de gratitude et d'admiration à l'Ecole, ainsi qu'à Messieurs les Professeurs un souvenir ému à leurs anciennes compagnes, et forment les vœux les plus ardents pour la prospérité de Sèvres et de la France. »

Suivent toutes les signatures...

Qu'elles reçoivent, les sœurs lointaines, qui ont trouvé le moyen d'être ce matin présentes au milieu de nous, l'assurance du fidèle souvenir de Sèvres et de notre chaude sympathie.

Rapport financier fait par Mlle Sériès, trésorière, professeur au Lycée Racine (Paris).

Le Conseil de notre Association a demandé à votre trésorière d'examiner les comptes des vingt-trois années qui se sont écoulées depuis la création de notre Société, et d'en faire un résumé succinct qui soit une sorte d'histoire de notre Association et en montre l'action bienfaisante. C'est ce que je vais tenter de faire aussi brièvement que possible.

Il m'a paru que trois chapitres surtout méritaient d'attirer votre attention : la constitution de notre capital, les dépenses relatives à la publication du Bulletin et les sommes affectées aux secours pécuniaires.

Capital social.

Nos débuts ont été modestes, mais nous étions toutes animées du désir d'augmenter nos réserves pour préparer l'avenir et laisser à nos successeurs une société florissante et une situation pécuniaire solide.

La première année, fin 1884, notre capital était de 207 fr. 65. Il est aujourd'hui, fin 1906, de 44.535 fr. 13.

Cet heureux résultat est l'œuvre de toutes ; mais nous devons un remerciement ému à notre regrettée Mme Jules Favre qui nous a légué 1.000 fr. ; à M. Legouvé qui, en quittant l'École, a également offert 1.000 fr. à notre Association ; à M. Gernez, qui, au nom de Mme Gernez, nous a, à diverses reprises, envoyé 100 fr., ce qui a constitué à notre actif, un don généreux total de 600 fr. ; enfin aux élèves de l'École qui, lors de leur fête annuelle, nous ont donné une partie du produit de leur tombola, soit 2.365 fr.

Une mesure prise en 1891 a été très favorable au développement de notre capital : la possibilité pour les sociétaires de racheter leurs cotisations moyennant une somme de 200 fr., payée par versements en dix ans, ou une somme de 150 fr. payée en une fois.

Soixante-quatorze anciennes élèves sont devenues membres perpétuels ; nous avons ainsi constitué un fonds de réserve dont les intérêts s'accumulent au profit de l'œuvre commune.

Il ne faudrait pas croire cependant que nous n'avons fait que thésauriser ; la publication d'un Bulletin paraissant régulièrement, en mettant sans cesse en rapport les anciennes élèves avec leur École, a contribué pour la part la plus large à créer les liens de solidarité qui sont la raison d'être de notre société.

BULLETIN.

D'abord ce bulletin fut mensuel; mais le travail des secrétaires devint bientôt excessif et parfois les matériaux manquaient, il devint donc plus tard trimestriel.

Pendant quelques années, il fut divisé en deux parties distinctes : littéraire et scientifique.

Mais le même souci de prévoyance dont je parlais plus haut, nous fit craindre d'augmenter outre mesure la colonne des dépenses et, dès 1887, on demanda aux sociétaires qui s'intéressaient à cette publication de payer un abonnement de 4 fr.

L'idée était bonne au point de vue financier puisque jusqu'en 1895, le Bulletin ne coûta rien à l'Association. Cependant il fallait constituer cette caisse particulière du Bulletin ; Mme Jules Favre s'inscrivit la première pour une somme de 100 fr., et les abonnements arrivèrent nombreux.

En 1894 nous avions réalisé un bénéfice de 250 fr. C'est alors que voyant prospérer nos finances, nous osâmes faire du Bulletin une publication gratuite envoyée à toutes les sociétaires, comme elle l'est encore aujourd'hui ! Le reliquat de 250 fr. suffit à assurer le service de l'année 1895.

A partir de ce moment, la publication grandit, le nombre des collaboratrices s'était accru avec celui des anciennes élèves et enfin, elle prit son essor définitif en 1902, lorsqu'on put avoir recours à l'imprimerie.

La dépense ne nous effrayait plus ; aussi se monte-t-elle depuis 1895 à 11.034 fr.

Nous sommes bien payées de nos sacrifices, car le Bulletin est attendu avec impatience, lu avec avidité et rend les plus grands services.

SECOURS.

J'arrive enfin à la partie qui nous tient le plus au cœur ; aux secours pécuniaires donnés aux sociétaires malades ou en butte à la mauvaise fortune.

Nos statuts, conçus dans l'esprit le plus large, nous laissent toute facilité pour secourir tous les genres d'infortune et attribuer les sommes les plus diverses, selon les circonstances.

Toutefois le Conseil n'a jamais perdu de vue qu'il administre la caisse commune et qu'il doit avoir le souci d'assurer l'avenir.

Nous avons donné une seule fois, dans le cours d'une même année, une somme de 600 fr. à une sociétaire, c'est le chiffre le plus élevé ; les autres secours sont en moyenne de 100 à 200 fr.

Je dois dire qu'on a montré la plus grande discrétion dans les demandes de secours: toutes les sociétaires considérant l'Association comme une famille et ayant à cœur sa prospérité.

Au début, les statuts permettaient d'accorder des prêts; mais l'expérience nous apprit que c'était une mauvaise manière de nous entr'aider.

La possibilité d'emprunter et surtout l'espérance de rembourser provoquaient des demandes exagérées par rapport à nos ressources; cette espérance de remboursement était le plus souvent trompeuse; nos traitements ne permettaient pas de faire des économies à celles à qui ils n'avaient pas suffi par suite de circonstances indépendantes de leur volonté. Il nous a paru pénible de jouer le rôle de créanciers et de rappeler leur dette à de malheureuses compagnes.

En 1893, l'article des statuts relatif aux secours fut revisé. Désormais il n'y a plus que des dons remboursables au gré des sociétaires. Nous les proportionnons aux besoins des intéressées et aux ressources de nos budgets. Lorsque ces secours soulagent des infortunes momentanées, ils nous sont toujours fidèlement remboursés.

Le total des secours donnés ainsi s'élève, à la date actuelle, à 20.250 fr.

On remarquera que ce chiffre est bien près de la moitié du capital disponible.

Le total des sommes qui nous ont été remboursées est de 3.960 fr.

Le Conseil a eu plusieurs fois l'occasion de distribuer la totalité des sommes mises à sa disposition par l'Assemblée générale ; mais il n'en a pas toujours été ainsi, souvent à la fin de l'année il restait encore une fraction notable du chiffre porté au budget. Nous avions alors l'impression de n'avoir pas rempli notre mandat et de n'avoir pas su découvrir les infortunes cachées ou discrètes qui sont les plus touchantes.

Puisque nous sommes réunies ici en plus grand nombre que d'ordinaire, j'en profite pour adresser un pressant appel à toutes les sociétaires et leur demande de signaler au Conseil, avec toute la prudence et la délicatesse nécessaires, les situations difficiles qu'elles peuvent connaître dans leur entourage. Nous nous efforcerons ensuite de les améliorer autant que cela nous sera possible.

Je souhaite que ce rapide exposé contribue à vous faire apprécier l'utilité de notre Association mieux que de courts rapports annuels.

Après cette première période de vingt-trois ans, où nous mesurons le travail accompli, nous nous mettrons de nouveau à l'œuvre en conservant les principes qui nous ont guidées jusqu'ici : préparer l'avenir sans sacrifier le présent.

18 mai 1907.

La Trésorière,

A. Sériès.

Discours de Mlle Küss, présidente de l'Association des anciennes élèves de Sèvres, directrice du Lycée Victor-Hugo, à Paris.

MES CHÈRES COMPAGNES,
MESSIEURS,

Il ne m'appartient pas de faire aujourd'hui l'historique de l'enseignement secondaire des jeunes filles qui vous a été exposé si éloquemment hier. Mais vous m'en voudriez, j'en suis sûre, de ne pas rappeler au début de cette séance, tout ce

MADAME JULES FAVRE NÉE VELTEN
Directrice de l'Ecole des professeurs-femmes de Sèvres.

que nous devons aux fondateurs de cet enseignement, à Jules Ferry, à M. Camille Sée, le promoteur de la loi du 21 décembre 1880, qui a suivi avec un intérêt si passionné le développement de notre Ecole, les progrès de nos lycées et dont la présence auprès de nous aujourd'hui est un précieux témoignage de sympathie.

Mon rôle, plus modeste, est de vous parler de notre Association, fondée bien peu de temps après l'ouverture de l'Ecole. Mme Jules Favre, qui l'a créée, a présidé la première assemblée générale, à Sèvres, il y a bientôt vingt-deux ans. C'était une toute petite assemblée, à laquelle assistaient une quinzaine de sociétaires, bien timides, mais cependant confiantes dans l'avenir de leur société.

Nous nous retrouvons aujourd'hui plus de trois cents, toutes joyeuses de fêter ensemble le vingt-cinquième anniversaire de la création de notre Ecole, heureuses de voir auprès de nous nos maîtres, très reconnaissantes envers M. le Ministre, M. le Directeur de l'Enseignement secondaire à qui nous devons cette fête dont l'administration supérieure a pris l'initiative, envers M. Hugot, chef du cinquième bureau, qui, avec un dévouement et une persévérance inlassables, a réglé les moindres détails de cette charmante journée, qui sera un souvenir lumineux dans notre vie.

Vous savez que les plus affectueuses instances n'ont pu décider notre amie, Mlle Belugou, à conserver la présidence de notre Association. Elle nous permettra bien de lui exprimer ici nos vifs regrets de sa décision; c'est à son activité à la largeur de son esprit et à la sûreté de son jugement, et surtout à cette chaleur de cœur si communicative que l'Association des Elèves de Sèvres doit d'avoir été vivante et vraiment bienfaisante; plus d'une, parmi nous, a apprécié cette bonté indulgente et délicate qui a su bien souvent deviner des souffrances cachées, et leur apporter, avec le soulagement matériel, un réconfort moral

Mlle Belugou heureusement n'abandonne pas l'Association et sa qualité de Directrice de l'Ecole de Sèvres lui permettra de nous donner un appui aussi efficace que par le passé; je suis sûre d'être l'interprète de l'unanimité de nos compagnes en lui disant que sa nomination nous a rendues bien heureuses. Je vous propose de lui décerner le titre de Présidente d'honneur de l'Association.

Nous avions espéré que la publication du livre posthume de Mme Jules Favre : *La morale de Plutarque* viendrait, à l'occasion de ce vingt cinquième anniversaire, compléter son œuvre, d'une inspiration si élevée. Mlle Belugou, celle de ses élèves qui, admise dans son intimité, l'a peut-être le mieux connue, avait promis de rédiger une notice, accompagnée d'extraits de ses lettres; les premiers mois de direction de l'Ecole l'ayant absorbée, elle a eu le grand regret de devoir ajourner ce travail, qui paraîtra prochainement.

La grande mémoire de Mme Jules Favre, que nous aimons à considérer comme la fondatrice de notre Ecole, sera évoquée tout à l'heure en termes plus éloquents que je ne saurais le faire. Je désire seulement lui apporter ici l'hommage ému et reconnaissant de ses anciennes élèves, rappeler ce qu'a été pour nous notre Directrice, dire le culte que nous lui avons voué.

Mme Jules Favre a donné à l'Ecole le meilleur d'elle-même; elle a été l'âme de cette maison où tout nous rappelle encore son souvenir.

Nous avons appris, à son Ecole, à nous connaître nous-mêmes, à ne relever que de notre conscience. Elle respectait au plus haut point notre liberté, notre individualité, mais sa vie était pour nous le plus grand exemple de simplicité, de droiture, d'abnégation, de libre soumission au devoir.

Stoïcienne pour elle-même, elle était douce et indulgente aux autres ; sa bonté exquise savait consoler, encourager, et vous n'avez pas oublié la grâce du sourire qui rendait son accueil si charmant. Sa sollicitude nous a suivies après nos années d'école, et les chères lettres que nous conservons précieusement ont été pour nous une joie et un puissant soutien.

Son influence s'exerce au delà de la tombe, et aujourd'hui encore, dans nos épreuves comme dans nos joies, nous cherchons à être dignes d'elle.

Les traditions de tolérance et de liberté établies par Mme Jules Favre se sont continuées sous la direction de Mme Marion, qui laisse à ses élèves le souvenir de sa bonne grâce, de sa bonté active et de son dévouement. Son action s'étendait à toutes les œuvres de l'Ecole, elle n'a jamais manqué d'assister à nos réunions générales, et c'est pour nous un regret de ne pas la voir aujourd'hui au milieu de nous, dans une circonstance où nous aimons à rappeler le passé, auquel son souvenir reste lié.

Ce que sont pour l'École les maîtres éminents que nous sommes fières de voir contribuer par leur présence à l'éclat de cette jouréne, vous le savez toutes. Permettez-moi, puisque nous célébrons ici la fête du souvenir, de rappeler les impressions des élèves des premières promotions, de dire leur surprise, leur ravissement, dès les premières leçons entendues à Sèvres. Nous arrivions bien mal préparées presque ignorantes; la parole de nos professeurs a été pour nous une révélation; elle a ouvert à nos yeux des horizons nouveaux, elle nous a fait pénétrer dans le domaine de la science, dans celui de la pensée, où, à la suite des grands esprits qui nous guidaient, nous faisions tous les jours des découvertes nouvelles; nous attendions nos cours avec impatience, nous en sortions vibrantes d'enthousiasme, pleines d'admiration, de respect et d'affection pour les maîtres qui faisaient de l'Ecole un foyer vivant de culture littéraire et scientifique.

Après avoir reçu à Sèvres un si haut enseignement, et de si grands exemples, les élèves de l'École ont-elles réussi à réaliser cet idéal de simplicité, de sincérité, d'amour de la justice et de la beauté, d'attachement absolu au devoir que nos maîtres nous ont proposé? Nous l'avons toutes essayé, avec l'ardeur d'une conviction profonde.

L'œuvre de quelques-unes a déjà pu être jugée, car la mort a frappé de rudes coups dans nos rangs. Les larmes des petites filles sont le plus touchant des témoignages rendus à ce professeur qui les avait tant aimées, à cette Directrice qui avait su faire de sa maison un centre lumineux de paix, de confiance et de joie.

Nos amies disparues ont eu la passion du devoir ; elles l'ont accompli avec amour, avec vaillance, jusque dans les maladies les plus cruelles, jusqu'à la veille de la mort. Elles ont eu le plus grand des courages, celui de rester fermes et souriantes devant les épreuves, de renoncer à tout ce qui leur était cher, d'accepter la mort sans révolte. Je n'ai pas besoin, parmi tant de noms aimés, de rappeler ceux de nos compagnes qui, au creuset des souffrances, ont épuré leurs âmes et se sont élevées jusqu'à l'héroïsme.

Si leur œuvre est inachevée, elle n'en a pas moins été féconde. Nous garderons leur vivant souvenir, et nous chercherons, unies dans l'esprit de Sèvres, à nous rapprocher toujours davantage de la beauté morale, qui est notre idéal à toutes.

Discours de M. Henry Lemonnier, professeur à la Faculté des Lettres de l'Université de Paris.

Je dois à mon âge et à mon ancienneté de prendre la parole devant vous, dans cette journée où nous célébrons notre vingt-cinquième anniversaire. Je n'ose dire

HENRI LEMONNIER

Professeur à la Faculté des lettres de Paris
Professeur à l'Ecole normale de Sèvres.

que je vous parle au nom de mes collègues, j'espère du moins que j'exprimerai quelque chose de leurs idées ou de leurs sentiments.

En entrant tout à l'heure dans cette salle au milieu de votre gaîté si primesautière, de votre joie à vous revoir — laissez-moi dire à nous revoir — j'étais presque tenté de me taire et de ne pas troubler par un discours, même très peu apprêté, des impressions si vives et si charmantes. Mais puisque j'ai la mission, mélancolique et douloureuse parfois, de rappeler des souvenirs qui nous sont chers, je ne veux pas manquer à ce devoir. Mon collègue, M. Darboux, notre doyen à tous, honoré et aimé, vous entretiendra surtout du présent et de l'avenir. C'est plutôt le passé qui m'appartient.

Tout d'abord notre pensée ira aux fondateurs de notre Ecole, à M. Camille Sée, le promoteur perspicace, passionné et aujourd'hui triomphant, de la loi sur l'enseignement secondaire des jeunes filles, au ministre Jules Ferry, dont la renommée ne cesse de grandir, au directeur de l'enseignement secondaire en 1881, M. Zévort, dont on retrouve le nom dans toutes les grandes œuvres universitaires d'alors.

Mlle Küss, tout à l'heure, disait fort bien que nous sommes invinciblement tentés, nous les anciens, de revenir aux premiers temps de notre séjour ici, peut-être parce

E. LEGOUVÉ

Membre de l'Académie française
Directeur des études à l'Ecole normale
des professeurs-femmes.

qu'ils ont pour nous le charme du passé ou parce qu'ils eurent, comme tous les commencements, celui des grands espoirs. Pour moi, je n'ai jamais cessé de garder présentes à l'esprit mes premières impressions lors de ma nomination et de ma première conférence en janvier 1882.

Qu'allais-je trouver dans cette Ecole, dont je crois bien que j'avais à peine entendu prononcer le nom? Qu'était cet enseignement nouveau que je ne connaissais pas?

La première promotion, la seconde aussi, étaient assez disparates. On s'en apercevait au premier abord, ne fût-ce qu'aux accents et, pardonnez ce détail intime, aux toilettes. Nos premières élèves venaient de tous les coins de la France. On les avait prises comme nous à l'improviste, après un examen, où on leur avait demandé tant de choses qu'elles étaient fort excusables de n'en savoir pas beaucoup. Mais aussi, Mlle Küss l'a encore très bien dit, quelle belle curiosité, quelle ardeur, quel enthousiasme, quel désir d'entrer dans le monde nouveau de la Science.

La première promotion des professeurs ne fut guère moins disparate que celle des élèves; elle avait toutes sortes d'origines. C'étaient (je ne puis parler que de la section littéraire) Rambaud, qui sortait du cabinet ministériel de Jules Ferry et qui était déjà presque un homme politique, mais que le lourd enseignement de la Sorbonne allait malheureusement enlever à Sèvres; Kœll, qui enseignait l'allemand à Saint-Cyr, et qui retrouvait ici la vraie maison de Mme de Maintenon, mais transformée; Brissaud, un professeur de l'ancien régime, de l'Université du Second Empire. Songez que j'avais été son élève en 1858 et que je me voyais son collègue en 1882! Je retrouvais chez lui, en même temps que la sûreté de son enseignement et son esprit si alerte, sa bonne grâce souriante, sa courtoisie cordiale et épanouie. C'était Arsène Darmesteter, un esprit d'élite, un savant, un philologue et un philosophe, une intelligence puissante, ingénieuse, un peu rêveuse peut-être. Que d'idées il ouvrait chez vous! C'était M. Legouvé, qui préférait certainement le rôle de professeur à celui d'inspecteur, et qui apportait à nos élèves, avec le prestige de son nom, de son titre d'académicien, quelque chose de la galanterie des hommes d'autrefois, et surtout ses enthousiasmes littéraires restés aussi jeunes que lui. Il m'honorait de son affection et je crois bien que trois ou quatre jours avant sa mort, qui fut imprévue, malgré ses quatre-vingt-dix-sept ans, il me lisait encore quelques pages sur La Fontaine, dont il ne se lassait pas de parler. C'étaient enfin Mme Lenoël-Zévort, Miss Williams, MM. Fabre et Terrier de qui je ne puis dire ce que je voudrais, puisque nous avons le plaisir de les voir à nos côtés.

Nous étions unis par l'amour de nos nouvelles fonctions, par la pensée que nous contribuions à une œuvre féconde, par des sentiments qui valaient peut-être des théories. Il fallait cependant des théories; elles divisèrent quelquefois les esprits, pourquoi ne le rappellerais-je pas? Nous savons tous ce que nous devons à M. Gréard qui fut, lui aussi, un des fondateurs de notre Ecole et qui la couvrit du patronage de sa grande autorité. Mais, administrateur, il avait des responsabilités, il en sentait le poids; son esprit, par excellence ordonné, attaché à la règle, était nourri des traditions universitaires dont il se considérait comme le gardien. Plus indépendants, nous étions peut-être plus hardis. Nous révions une Ecole où la discipline puiserait surtout sa force dans les exigences de la conscience — et quelle conscience que celle de notre Directrice! — un enseignement secondaire des filles, dont le modèle ne fût pas exclusivement pris dans celui des garçons. Il y eut des discussions assez vives dans les Commissions où très libéralement M. Gréard nous appelait. Nous obtînmes quelque chose (pas tout ce que demandaient quelques-uns de nous), lorsque le temps eut fait son œuvre et l'enseignement nouveau ses preuves. M. Gréard lui-même y concourut, dès qu'il put constater que les innovations se conciliaient avec la prudence nécessaire dans une organisation délicate à manier.

Je n'ai pas encore parlé de Mme Jules Favre, de qui l'on peut dire qu'elle fut toujours « invisible et présente » dans toute cette œuvre de constitution de l'Ecole. Que pourrais-je ajouter à ce qui a été exprimé si bien hier et aujourd'hui, à ce qui va l'être, je le sais, par M. Darboux ?

Je veux seulement rappeler un souvenir personnel, qui la fera peut-être encore mieux connaître. Nous eûmes l'occasion, les miens et moi, de passer quelques jours auprès d'elle, en Bretagne, pendant les vacances de 1895. Je vis alors combien il y avait de tendresse dans cette âme qu'on croyait quelquefois rigide et qui n'était que forte de simplicité dans cet esprit vigoureux. Elle jouissait passionnément et naïvement de la nature, elle s'y reposait avec abandon ; elle goûtait des joies presque maternelles à avoir auprès d'elle sa famille, dont elle était si aimée : elle avait des gaietés jeunes avec la jeunesse qui l'entourait. Et je compris bien que son autorité ici était faite d'amour autant que de fermeté. Elle se savait, dès ce moment, atteinte du mal terrible qui devait l'emporter quelques mois après et qu'on devinait seulement à quelques tressaillements involontaires. Elle ne revint guère à l'Ecole que pour y souffrir et y mourir, pour y accomplir son devoir jusqu'au bout : non pas même jusqu'à la veille, jusqu'au matin de sa mort.

Quel vide jamais comblé, quels regrets toujours durables, quel deuil ce fut ; vous le savez. Il faut en ajouter d'autres : Lecène, Petit de Julleville, Henry et Léon Michel, Marillier ; Mlle Roth, Dupuy, tous frappés dans la pleine vigueur de leur intelligence. Et la funèbre liste de nos anciennes élèves ! Vraiment, nous ne devions pas la supposer si longue. En la parcourant hier encore, je revoyais les physionomies que j'avais connues si jeunes, si animées, si pleines de vie, semblait-il, et je pensais à ce qu'il y a d'horrible dans ces coups imprévus et iniques, dans ces douleurs que le temps n'efface jamais.

Mais je dois aujourd'hui chercher surtout ce qui fortifie et console. Notre Ecole survit, elle existe, active et estimée. Mme Marion, à qui nous adressons notre affectueux et respectueux hommage et à qui nous souhaitons de trouver dans le bonheur récent de deux de ses filles un adoucissement aux dures épreuves que la vie ne lui a pas épargnées, a présidé pendant dix ans à ses destinées. Mlle Belugou devient notre directrice après avoir été notre élève, fait assez rare je crois ; je me bornerai à dire que ce fait rare nous charme beaucoup mais ne nous étonne pas. N'est-ce point exprimer les sentiments qu'elle nous inspire ? Elle retrouve auprès d'elle quelques-unes des surveillantes, des répétitrices qui, presque dès le premier jour, ont donné leur vie à l'Ecole, et qui sont pour nous depuis de longues années des amies en même temps que des collaboratrices.

Je reprends ce mot de collaboratrices, car il est bien vrai que l'esprit de l'École s'est formé par une collaboration constante et presque instinctive de tous et de toutes. Vous nous dites si affectueusement que vous nous devez beaucoup, que nous sommes tout disposés à le croire. Mais nous aussi, nous vous devons quelque chose : d'avoir conçu un enseignement plus humain peut être, en tous cas moins formaliste, d'avoir élargi nos préoccupations, d'avoir eu le sentiment plus vif des responsabilités morales des éducateurs. C'est bien à des devoirs de ce genre que pensait hier notre ami, M. Lavisse, lorsqu'il vous demandait de réagir contre l'ironie et l'abus de l'esprit critique et de ne pas « réduire à la portion congrue le sentiment ». Je crois que nous nous associerons tous à ces paroles, la seule réserve que j'y ferais marque encore mieux notre accord avec lui. Si nous affirmons ici les droits de la libre critique, de la méthode scientifique, c'est que sans elles il ne saurait y avoir de haute et sérieuse culture, mais c'est aussi et surtout parce que nous voyons en elles un commencement et une condition de probité intellectuelle et morale, parce que nous voulons vous apprendre à chercher la vérité, à l'aimer passionnément. Car, aimer la vérité comme elle doit être aimée, c'est aimer le devoir, c'est aimer la justice et se préparer à la défendre partout et toujours ; j'oserais presque dire que c'est se préparer à la bonté. Or il vous appartient précisément d'enseigner la vérité, le devoir la justice, la bonté, à ces intelligences délicates, à ces âmes tendres d'enfants, de jeunes filles, que vous êtes appelées à fortifier, à guider, à élever vers un idéal. Et, vous étant efforcées de le faire, autant qu'il était en vous, vous avez mérité quelque chose de l'éloge que votre ministre faisait hier de vous avec des accents véritablement pénétrants.

Ces éloges, je ne songe pas un moment à vous les réserver à vous seules ; à aucun prix, je ne voudrais, vous le savez, d'une école qui se fermerait, qui s'isolerait jalousement. Et je vous demande d'unir à nous par la pensée toutes vos collègues, non sorties de Sèvres, et de leur adresser le témoignage de notre sympathie. Rien ne me charme plus que de constater, par votre assentiment unanime, à quel point j'ai répondu à votre secret désir.

Pourtant, je reviens plus particulièrement à vous, que nous connaissons mieux, à ces vingt-cinq promotions qui représentent pour quelques-uns d'entre nous, par un privilège enviable seulement à certains égards, vingt-cinq années de souvenirs. Je crois pouvoir dire qu'une des choses qui nous ont le plus touchés, c'est l'absolue confiance qui, dès le premier jour, est née comme spontanément de vous à nous. Il y a vingt-cinq ans, ce n'était peut-être pas si simple que vous le croyez. Je me rappelle que remplaçant dans une institution de jeunes filles un professeur de la vieille Université, excellent homme, et peu suspect s'il en fût, il me recommanda gravement de porter comme lui des lunettes. « C'est très commode, disait-il, pour voir les élèves sans avoir l'air de les regarder. » Nous n'avons jamais mis de lunettes ici, au moins à cet usage ; nous vous avons regardées bien en face, et vous aussi. Comme nous aurions étonné Mme Jules Favre en faisant autrement ! Elle en jugeait bien et nous aussi, qui voyions en vous quelque chose comme nos filles, devenues plus grandes. Ces bonnes habitudes de simplicité, d'aisance, de naturel vous les avez portées dans votre existence de professeurs si difficile à certains égards Vous avez marché droit devant vous, sans crainte comme sans détour, et, vous estimant, vous avez imposé l'estime. Je vous assure que nous vous avons, au début, suivies plus d'une fois par la pensée, avec Mme Jules Favre, dans le cabinet où il s'est échangé bien des idées des préoccupations, et aussi des espérances.

Vous pouvez donc, Mesdemoiselles, regarder le passé avec satisfaction et l'avenir avec confiance. Vous êtes en droit de vous dire que vous vous êtes fait, ce qui est très digne, votre vie, que vous êtes maîtresses de vous mêmes, indépendantes, d'autant plus indépendantes, au sens élevé du mot, que vous ne criez pas votre indépendance et que vous restez soumises aux devoirs de toutes sortes qui sont les vôtres. Aimez votre profession qui est belle, pour les avantages qu'elle vous assure — cela est légitime — et pour le bien qu'elle vous permet de faire. Dites-vous aussi que par elle vous servez la cause des femmes, qui gagne singulièrement à être servie modestement et sans fracas.

C'est pour toutes ces raisons sans doute que dès hier, dans la belle et solennelle séance, qui rassemblait auprès de vous vos élèves, les petites si gentilles dans leurs robes blanches et roses, leurs parents et les amis de notre enseignement il s'est répandu un large courant de sympathie, et que, dans notre intimité d'aujourd'hui, il règne comme une sorte de joie paisible et lumineuse, expression de notre communauté de sentiments et d'idées.

Je me suis abandonné un peu longuement à bien des souvenirs, on n'y échappe pas à partir d'un certain âge, vous me le pardonnerez, j'en suis sûr. Je sentais, sans vous le dire que j'avais, pour la dernière fois, certainement, l'occasion de parler devant vous de notre Ecole, que nous avons tant de raisons d'aimer.

Discours de M. Gaston Darboux,
secrétaire perpétuel de l'Académie des Sciences,
ancien doyen de la Faculté des Sciences.

MESDAMES,
MESDEMOISELLES,
MESSIEURS,

Vous venez d'entendre votre directrice vous souhaiter la bienvenue dans cette maison qui est la vôtre ; Mlle Küss, présidente actuelle de votre Association ami-

GASTON DARBOUX
Secrétaire perpétuel de l'Académie des Sciences
Professeur à la Faculté des Sciences de Paris
Ancien doyen de la Faculté des Sciences
Professeur à l'École des Professeurs-femmes.

cale, a saisi l'occasion de dire de celle qui l'a précédée à la présidence tout le bien que nous nous accordons à en penser ; Mlle Sériès vous a montré que les chiffres ont leur éloquence et elle a mis en évidence tous les services qu'a rendus, tous ceux que peut rendre cette Association amicale à laquelle Mme Jules Favre portait tant d'attachement. M. Lemonnier, enfin, qui déjà en 1900 nous avait donné une belle notice sur l'Ecole, a ajouté aujourd'hui quelques indications précieuses que nous conserverons pieusement sur Mme Jules Favre dans son intérieur et dans son intimité. Notre réunion de ce matin a donc été ce qu'elle devait être. Hier, c'était le jour de cérémonie officielle. M. le Ministre de l'Instruction publique, plusieurs des principaux personnages de l'Etat, tous ceux qui s'intéressent aux progrès de l'enseignement si nécessaire dans notre démocratie, avaient voulu marquer par leur participation à la cérémonie du Trocadéro, l'intérêt vraiment national qui doit s'attacher à la belle création réalisée sur l'initiative de M. Camille Sée. Aujourd'hui, la fête à laquelle nous vous avons conviés devait avoir quelque chose de plus restreint, de plus intime, de plus touchant. C'est pour cela sans doute que votre directrice, qui connaît mon inaltérable attachement à cette Ecole, m'a demandé de clore par quelques paroles cette première partie de la journée. Puisque j'ai le privilège, qui n'est pas toujours enviable, d'être le plus ancien de vos maîtres, je vous rappellerai quelques souvenirs qui s'attachent à la période lointaine où l'Ecole a commencé à fonctionner.

C'est en décembre 1880 qu'a été votée, vous le savez, sur la proposition de M. Camille Sée, la loi qui instituait définitivement l'enseignement secondaire des jeunes filles dans notre pays. Sans perdre de temps, le promoteur de cette loi présentait, d'accord avec le ministère de l'Instruction publique, une nouvelle proposition tendant à créer une Ecole normale destinée à préparer les professeurs-femmes pour les écoles secondaires de jeunes filles. Comme il fallait s'y attendre, cette proposition reçut le meilleur accueil de tous ceux qui avaient voté la première. L'exemple de la célèbre école de la rue d'Ulm avait porté ses fruits. C'est en vain qu'au Sénat, M. de Gavardie combattait la proposition, sans même en démêler le but : « Un séminaire laïque de jeunes filles ; quel est ce monstre ? » disait-il. S'il était ici aujourd'hui, il verrait que ce monstre a vraiment bonne tournure. Les deux Chambres décidèrent que le régime de la nouvelle école serait l'internat et qu'elle ne serait pas ouverte à des élèves externes. Sur ces deux points, les arguments de M. Camille Sée étaient vraiment topiques : « La présence sur les mêmes bancs d'élèves internes et externes aurait, disait-il, divers inconvénients. Les unes pourraient envier la liberté ; les autres pourraient apporter dans l'Ecole des habitudes, des idées, des distractions qui ne seraient pas conformes à la haute direction morale que nous avons dessein de lui donner. Ajoutons, disait l'honorable rapporteur, que, s'il importe de donner aux futurs professeurs une instruction étendue et solide, il importe au moins autant de former leur caractère et de les habituer à une vie sévère et recueillie. L'Etat doit savoir à qui il se fie. Les jeunes filles, au sortir de l'Ecole normale auront charge d'âmes à leur tour. Elles enseigneront à leurs élèves, outre les sciences inscrites sur le programme, la science de la vie qui est la plus difficile de toutes. »

On ne pouvait définir en termes plus élevés le but de la nouvelle création.

La loi qui instituait l'Ecole fut promulguée le 29 juillet 1881. Il ne restait plus qu'à l'exécuter. Heureusement, nous avions alors au ministère de l'Instruction publique Jules Ferry, qui, à part une courte interruption, devait y rester près de deux ans. A toutes ses précieuses qualités d'homme d'Etat, Jules Ferry joignait un don plus précieux encore, celui de savoir choisir ses collaborateurs; il avait mis à la tête de l'enseignement secondaire un homme de valeur exceptionnelle, un administrateur de grande race : Charles Zevort. Il nous donna aussi, non pas une excellente directrice, mais la directrice même qu'il fallait pour assurer à l'Ecole cette orientation morale qui avait été voulue par le Parlement

Zévort, qui fut chargé d'organiser l'Ecole, ne perdait jamais de temps. Trois mois après la promulgation de la loi, le 1er novembre 1881, Ernest Legouvé, dont le nom était à lui seul un symbole était chargé de la direction des études en qualité d'inspecteur général, Mme Jules Favre était nommée directrice. Par le même arrêté le premier personnel de l'Ecole était désigné. Les professeurs étaient Mlle Williams, Mme Lenoel, A. Rambaud, qui ne devait jamais professer, mais qui nous a rendu plus tard, quand il est devenu ministre, un service signalé, Kœll et Arsène Darmesteter dont nous déplorons encore la perte, Serré-Guino qui se repose dans une retraite vaillamment gagnée, E. Perrier et moi.

C'est au ministère de l'Instruction publique, à une réunion des professeurs de l'Ecole, que je vis Mme Jules Favre pour la première fois. Elle nous apparut dans ses longs vêtements de deuil qu'elle portait en mémoire de son illustre mari, avec sa bonne grâce souriante de grande dame, avec sa réserve empreinte de quelque timidité. Je ne la revis plus qu'à l'Ecole après ma première leçon. Il y a eu une première période très courte, il est vrai, dans laquelle il n'y avait ici qu'une seule section : les lettres et les sciences y étaient confondues. Elles doivent l'être sans doute dans la vie; mais dans l'enseignement, il convient qu'elles soient séparées. Ne sachant trop par où commencer avec mon premier auditoire si intéressant, mais si peu homogène, qui comprenait des élèves de toutes les origines et de tous les âges, les unes s'étant formées seules, les autres sortant de l'enseignement primaire, j'avais choisi quelques aperçus astronomiques comme sujet de ma première leçon. Je dois dire que je manquai complètement mon but Mme Jules Favre me le dit nettement. C'est de ce moment que datent les relations de confiance et d'amitié respectueuse de ma part qui devaient durer jusqu'à la fin. Dans ces premiers temps de l'Ecole, les problèmes surgissaient pour ainsi dire chaque jour. Nous avions dû faire nos examens d'entrée dans des salles de l'ancienne Manufacture situées là où se trouve aujourd'hui votre jeu de crocket. Il fallait achever d'aménager les bâtiments, préparer des salles de conférences, des chambres pour les futures élèves. L'architecte, M Lecœur, était sans cesse ici. Zévort, heureusement inspiré, avait su trouver le siège qui convenait pour notre Ecole : assez près de Paris pour qu'on pût utiliser les ressources de tout genre qu'il offre à profusion; assez loin pour qu'on pût se croire à la campagne, dans une région où les promenades sont faciles, avec un parc qui ménage des perspectives admirables sur les vallées environnantes, en même temps qu'il est si propice aux études dans la belle saison. L'architecte sut tirer parti des éléments qui lui étaient confiés. C'est à lui que l'on doit votre grande cour, le bel escalier qui sert de piédestal à ce bijou d'architecture, le pavillon de Lulli, que sur mes pressantes instances on a dernièrement restauré. Cette partie centrale du parc est devenue un véritable décor d'opéra-comique et lorsque je gravis, avec une fatigue que les ans ne diminuent pas, les pentes raides qui la sillonnent, je songe involontairement au premier acte de la *Dame Blanche*.

En même temps que s'embellissaient les locaux, les sections des Lettres et des Sciences étaient constituées, une seconde puis une troisième promotion venaient s'ajouter à celle qui avait été reçue en 1881. Il fallait nommer des professeurs nouveaux; Mme Jules Favre s'inquiétait de savoir qui convenait le mieux pour chaque enseignement elle écoutait et sollicitait nos avis, faisait des propositions qui reçurent presque toujours un accueil favorable. C'est ainsi que tant de professeurs distingués sont venus se joindre au petit noyau qui avait été primitivement choisi. Mais il ne suffisait pas évidemment de compléter ainsi le personnel, avant tout et par-dessus tout il fallait créer l'esprit de la maison, assurer cette direction morale d'où devait dépendre entièrement le succès du nouvel enseignement. Sous ce rapport, j'en appelle à vos souvenirs, Mme Jules Favre a été vraiment incomparable. Vous vous rappelez l'affection qu elle vous portait, l'esprit de tolérance qui, chez elle, s'alliait si bien à la rigidité morale, le respect scrupuleux qu'elle avait pour votre initiative et votre personnalité. C'est à elle que vous vous adressiez après votre sortie de l'Ecole et elle était toujours prête à vous encourager, à vous assister, à vous aider à surmonter les difficultés que vous rencontriez. On peut dire que, pendant les quinze années qu'elle a passées ici, elle a été la directrice aimée et écoutée de tout l'enseignement des jeunes filles dans notre pays.

Je voudrais vous dire aussi, si le temps n'était pas mesuré, avec quel plaisir quelques-uns de vos maîtres assistaient à ces réunions du soir où elle vous conviait à vous reposer de vos travaux par un peu de lecture, un peu de musique et quelques bonnes causeries. Que de fois je l'ai vue traversant cet interminable couloir de l'Ecole pour aller assister à quelque conférence d'histoire, de littérature ou de philosophie. Elle ne venait jamais à celles de mathématiques. Comment lui en vouloir, c'était si naturel. Les mathématiques ont quelque chose de rébarbatif. Pourtant elle s'intéressait à notre section des sciences et se plaisait à reconnaître que l'enseignement des sciences peut revendiquer lui aussi une action morale de réelle valeur. Bien différente en cela de M Legouvé qui n'aurait pas voulu voir ici de cabinet d'histoire naturelle et jetait des regards désolés sur l'énorme larynx en carton pâte dont Mme Lenoel-Zévort se servait dans ses conférences pour expliquer le mécanisme de la diction. Mme J. Favre admettait volontiers que même dans une école de jeunes filles, on ne peut faire de la chimie sans expériences, de la physique sans appareils, des sciences naturelles sans préparations.

Je viens de prononcer le nom de M. Legouvé. Nous devons beaucoup à cet esprit délicat et charmant ainsi qu'à M. Gréard qui, en sa qualité de recteur, était chargé de la haute direction de l'Ecole. On peut bien le reconnaître aujourd'hui. Mme Jules Favre n'a rien fait pour seconder leur action. Elle se sentait de force à réaliser seule l'œuvre qu'elle avait conçue. C'est le propre de cette belle chose exprimée par le vilain mot de pédagogie de rendre quelque peu intransigeants ceux ou celles qui s'en occupent. Tout cela est bien loin aujourd'hui. Il ne nous reste que le souvenir des services qui nous ont été rendus des deux côtés. Legouvé et Gréard furent nos garants vis-à-vis d'une opinion publique qui avait besoin d'être conquise, ils ont mis leur haute autorité au service de l'Ecole et ont été nos défenseurs quand cela a été nécessaire auprès des ministres et du Parlement.

Grâce à eux, grâce à tous ceux dont j'ai rappelé l'action bienfaisante, les passages difficiles ont été franchis. Zévort n'est plus là, mais il a un successeur qui ne nous ménage ni ses sympathies, ces fêtes en sont la preuve, ni ses précieuses directions.

Le moment est venu où l'Ecole peut envisager avec confiance l'avenir qui s'ouvre devant elle. Je n'ai pas besoin de vous dire, mesdames, avec quelle joie nous voyons en quelque sorte vivante sous nos yeux l'œuvre qui nous avait été confiée. Grâce à votre tact, à votre esprit de tolérance, à votre ardeur désintéressée, au dévouement que vous n'avez cessé de montrer, vous avez largement acquitté la dette que vous aviez contractée envers l'Etat. Chaque jour nous recevons les impressions les plus heureuses et les plus fortifiantes sur le succès de l'enseignement. Plusieurs d'entre vous sont devenues directrices et ont appris à connaître cette administration dont on a coutume de dire tant de mal ; c'est une de nos meilleures élèves, la confidente dévouée de Mme Jules Favre, qui, depuis le départ de Mme Marion, dirige aujourd'hui l'Ecole. C'est donc sous les plus heureux auspices que nous célébrons aujourd'hui le 25e anniversaire de sa fondation. Saluons d'un souvenir ému ceux et celles qui ne sont plus là pour prendre leur part de notre joie. Souhaitons la bienvenue aux amis de l'Ecole, à nos anciens collègues qui nous avaient quittés quelquefois contre leur gré et qui ont voulu nous revenir aujourd'hui. Quand l'heure de la retraite aura sonné pour nous comme pour eux, le souvenir de cette journée, de toutes celles que nous aurons consacrées à cette Maison sera, n'en doutez pas, celui sur lequel il nous sera le plus agréable de nous arrêter.

EDMOND PERRIER

Membre de l'Académie des Sciences
Directeur du Museum
Professeur
à l'Ecole normale des professeurs-femmes.

PAUL-EMILE APPELL

Membre de l'Académie des Sciences
Doyen de la Faculté des Sciences de Paris
Professeur
à l'Ecole normale des professeurs-femmes.

PH. VAN TIEGHEM

Professeur au Museum
Professeur à l'Ecole des professeurs-femmes.

EMILE PICARD

Membre de l'Académie des Sciences
Professeur à la Faculté des Sciences et à l'Ecole des professeurs-femmes.

MADAME CURIE

Professeur à la Faculté des Sciences et à l'Ecole normale des professeurs-femmes.

C. MATIGNON

Professeur au Collège de France et à l'Ecole des professeurs-femmes.

G. LANSON

Professeur à la Faculté des lettres de Paris et à l'Ecole normale des professeurs-femmes.

A. DARLU

Inspecteur général de l'Instruction publique
Ancien professeur
à l'Ecole des professeurs-femmes.

DÉJEUNER

Toast de M. Camille Sée.

Laissez-moi lever mon verre en l'honneur du Président de la République. Les membres du Comité qui ont été reçus par lui, savent combien il s'intéresse à l'enseignement secondaire des jeunes filles, en quels termes il a exprimé son sentiment et sur les lycées de jeunes filles et sur l'Ecole de Sèvres.

Je lève mon verre en l'honneur de l'admirable orateur qui est à la tête du Ministère de l'Instruction publique. Il est de ces hommes qui donnent un incomparable éclat aux fonctions qu'ils occupent, et qui laissent, partout où ils passent comme un lumineux sillage. M. Aristide Briand appartient à ces hommes d'élite, qui sont l'honneur d'un pays.

Je porte la santé de Mlle Belugou, cette digne élève de Mme Jules Favre.

Je porte la santé des maîtres remarquables, dont plusieurs sont illustres, et qui ont fait de la Maison de Sèvres une école unique au monde. Je porte la santé des maîtresses répétitrices et surveillantes.

J'associe à ce toast les directrices, les professeurs des lycées et des collèges de jeunes filles « *ces éducatrices d'élite qui* — comme le disait hier, de sa voix prenante si pleine de séduction et de charme, M. Aristide Briand, à cette fête inoubliable du Trocadéro — *ont acquis dans la paisible maison de Sèvres, les vertus de vaillance, de patiente bienveillance, d'indépendance et de calme sérénité, indispensables à qui veut éveiller les intelligences enfantines et les diriger sans les contraindre ou les violenter*. »

Je n'oublie pas nos jeunes élèves dont le charme, la bonne grâce, l'entrain, la gaieté, embellissent l'Ecole.

Discours de M. Rabier, directeur de l'Enseignement secondaire.

Madame la Directrice,
Madame la Présidente,
Mesdames,

Je vous suis très reconnaissant de m'avoir donné place à cette réunion familiale qui rassemble dans l'École de Sèvres les vingt-cinq premières promotions

E. RABIER
Ancien directeur de l'Enseignement secondaire
(1907).

qu'elle a formées sous les yeux de leurs maîtres, en présence de quelques collaborateurs et de quelques amis privilégiés dont la sympathie fidèle et active vous est connue.

Aucune fête ne saurait porter en elle plus de motifs de joie sincère et profonde. Et tout d'abord pour votre École même. Ah ! si nous étions encore au temps où les cités, filles et mères des hommes, vivaient et frémissaient des émotions humaines, où les pierres de leurs murs avaient des âmes, leurs édifices une personnalité, une conscience, une voix, comme elle eût tressailli jusqu'en ses fondements, la vieille Ecole ! Et l'on eût entendu sa voix : « Allons, couvrez de feuillage les chemins qui mènent vers moi; parez-moi et faites-moi belle, car je veux en ce jour fêter dans l'allégresse les filles que j'ai nourries du lait de ma tendresse, et qui, m'ayant fait honneur dans le monde, me reviennent aujourd'hui de tous côtés pour me dire, à moi qui suis leur mère, qu'elles ne m'oublieront jamais. »

Les temps hélas! sont changés. Ce n'est plus que dans le secret de nos cœurs que parle la voix puissante des choses. Mais vous l'entendez, j'en suis sûr, la voix maternelle de votre Ecole, et les sentiments qu'elle émeut en vous n'ont rien de factice ni d'illusoire.

Aussi naturelle est la joie que vous avez éprouvée à vous revoir. Des camarades, des amies avaient vécu ici trois ans d'une vie commune; ensemble elles avaient remué bien des idées, agité de nobles problèmes; elles avaient partagé leurs soucis, leurs espoirs : la vie, sous forme de nécessités administratives, ces nécessités injustes et détestées — qu'il faut surtout plaindre, mesdames, de ne pas pouvoir s'abstenir, de ne pas se douter parfois, du mal qu'elles font — les avaient comme à plaisir, tenues séparées. Et voici qu'après des années et des années, elles se retrouvent, là même peut-être où une dernière fois, leurs mains s'étaient serrées pour un adieu qui devait être si long!

Ah! sans doute ici les voix ne sont pas restées muettes! Il me semble les entendre :

Est-ce toi, chère Elise? Oh! jour trois fois heureux

car ce sont les fortes émotions, vous le savez, qui créent la langue poétique.

Et d'autres :

Oh! Jeanne qui l'eût dit? Oh, Berthe qui l'eût cru

preuve éclatante qu'il y a dans les classiques plus de naturel qu'on ne dit! — Mais allait-on se reconnaître vraiment? Après tant de temps écoulé, tant d'impressions diverses plus récentes, le passé allait-il se dégager et reprendre ses droits? Avec quelque peine peut-être partout ailleurs qu'ici. Mais ici dans votre Ecole, grâce à une sorte de conjuration magique de toutes choses, il s'est produit autour de vous en vous-mêmes, une évocation, une résurrection du passé. Il vous a enveloppées, il vous a ressaisies. Vos amitiés qui vous attendaient ici fidèles, comme des Belles au Bois dormant réveillées, se sont mises à marcher, à parler avec vous; et en parcourant ensemble vos chambres familières, vos salles de conférences, vos cours de récréation, les allées de votre parc où vous avez pu cueillir les mêmes fleurettes printanières, sous ces mêmes arbres dont le murmure que vous ne comprenez pas mais que vous compreniez si bien quand il se mêlait à vos rêves, vous a répété les mêmes choses, il vous a semblé que l'entretien d'autrefois, à peine interrompu, se continuait naturellement dans l'entretien d'aujourd'hui.

Oui, toutes ces choses donnent vraiment à cette fête un charme unique, un sensible caractère de grâce, de douceur, de beauté.

Elle vous apporte aussi de justes motifs de fierté et de courage. Dispersées comme vous l'êtes dans vos lycées et vos collèges, aux quatre coins du pays, peut-être vous sentez-vous parfois un peu isolées, un peu perdues. Doutes plus pénibles : n'êtes-vous pas aussi un peu oubliées? Se rend-on assez compte là-bas, dans la tour d'ivoire de la « haute administration », de la difficulté de votre tâche, du mérite de votre effort? Questions plus troublantes encore : cet effort si dévoué, si sincère, atteint-il du moins son but? L'enseignement secondaire des jeunes filles a-t-il répondu à l'attente qu'il a fait naître? Fait-il œuvre sérieuse, œuvre qui vaille pour le bien général du pays? Qu'en sait-on lorsqu'on est si loin, quand la tâche est si grande, les moyens de chacun si petits? — Ah! comme ils ont dû hanter l'esprit surtout des premières maîtresses sorties de cette maison, ces doutes, ces inquiétudes, qui, pour l'œuvre même la plus grande, surgissent inévitablement après l'enthousiasme et l'élan de la création, des premières difficultés de la mise en œuvre, de la rencontre si souvent déprimante, de l'idéal avec le réel! Elles étaient à peine un petit groupe pour porter par toute l'étendue du territoire, la flamme vacillante du feu sacré. Leur préparation avait été, à Sèvres, hâtive et insuffisante. Plus incomplète encore l'organisation matérielle et morale des maisons, où en l'absence de toute tradition elles apportaient, pour tout créer, autant d'inexpérience que de foi. Autour d'elles, quelques amis sans doute, quelques croyants. Mais surtout que d'adversaires déclarés ou cachés! Que d'attaques ouvertes ou sournoises! Que de doutes perfidement entretenus, de sombres pronostics *habilement* propagés! On eût dit une petite garnison assiégée, parmi laquelle l'ennemi essaie, par tous les moyens, même de mauvais aloi, de jeter un découragement qui, plus sûrement que l'assaut, doit faire tomber la place. La place ne tomba pas! Saluons le souvenir de cette période héroïque! Honorons ces Sévriennes d'avant-garde : pour garder intacte leur énergie, il leur fallut un triple airain autour de leur cœur!

Aujourd'hui, après vingt-cinq ans, vous voici toutes réunies : à l'origine, combattants épars, maintenant solide phalange qui vaut une armée. Aujourd'hui vous embrassez d'un regard d'ensemble l'œuvre accomplie. Pendant l'action, chacun faisant son devoir là où il est, aucun ne sait si la bataille est gagnée ou perdue. C'est le soir seulement, quand l'armée couronne les hauteurs, que tous mesurent du regard le pays conquis. Ainsi faites-vous en ce jour de halte, et c'est là votre récompense. Combien je vous sais gré de n'en avoir pas souhaité d'autres! Vous avez pensé qu'après la solidarité à la peine il fallait qu'il y eût la solidarité à l'honneur; que, sans distinctions spéciales, un témoignage collectif rendu au nom du pays, par le maître de l'université, et répondant à celui de votre propre conscience, suffirait. C'eût été un contre-sens, je dirai presque une mauvaise action de compromettre cette union, de toucher à cette fierté.

Témoignage d'un devoir bien rempli, cette fête est aussi le gage d'un devoir mieux rempli encore dans l'avenir : car vous y renouvelez vos forces. La journée de Sèvres, c'est votre pèlerinage aux Lieux-Saints. Il est bon parfois de revenir aux sources. L'idéal que le temps altère s'y purifie et s'y retrempe. Ici vous retrouverez non seulement des souvenirs, mais aussi, toujours vivant et agissant, l'esprit de l'enseignement que vous avez reçu. Et, mieux que jamais vous le comprenez. Sans doute le détail matériel des leçons de vos divers maîtres s'est effacé. Par cela même la méthode uniforme et le dessein constant de leur enseignement vous sont rendus plus visibles. J'avais récemment la bonne fortune d'entendre quelques fragments de conférence de plusieurs de ces savants maîtres. Mon ignorance opérant comme pour vous l'oubli, le détail m'échappait si bien qu'il me semblait n'y avoir à Sèvres qu'un seul maître, qui cherchait avec ses élèves toujours la même conscience, toujours la même chose : la vérité; et toutes ces leçons n'en faisaient qu'une à mes yeux : une leçon de respect de la vérité. Et en effet, cet enseignement doit se mêler à tous, ressortir de tous et plus que tous c'est celui-là qui vaut et qui compte. Car, à ce régime, les intelligences suivant leurs forces, s'avanceront plus ou moins ; mais toutes se tiendront debout et marcheront dans la bonne voie ; restant sujettes à l'erreur, elles ne se feront jamais complices et soutiens d'une erreur reconnue, la sincérité sera leur loi suprême ; par là même elles s'ouvriront sans résistance à toute vérité nouvelle, s'associeront à toute juste cause, seconderont tout progrès de bon aloi, resteront tolérantes à toute erreur que la bonne foi excuse, parce qu'elles sauront que la contrainte mise au service de ce qu'on croit être la vérité est chose aussi vaine que malfaisante, alors même qu'il serait sûr que c'est la vérité.

Et par là vous entrez également en communion de pensée avec ceux qui, à titre d'initiateurs, de promoteurs ou de créateurs ont fondé l'enseignement secondaire des jeunes filles et cette Ecole. Vous les connaissez tous, vous les confondez tous dans votre reconnaissance. Rendez cependant un hommage spécial à celui dont je suis heureux d'apercevoir ici la figure énergique et douloureuse, à Jules Ferry. A cet honneur il avait un titre insigne qu'on ne lui contestera pas : dans le champ où les citoyens de haut esprit et de grand cœur sèment leurs bienfaits, jamais nul ne récolta plus ample moisson d'ingratitude humaine. Si d'autres avec lui peuvent vous apprendre comment on vit en servant son pays ; celui-là vous enseignera comme on en meurt, sans que de ses services comptés comme crimes, il y ait lieu pourtant de rien regretter. La réparation pour lui est commencée ; l'Ecole de Sèvres se devait à elle-même de saisir cette occasion de s'y associer.

Ici donc, en présence de tous ces grands témoins, demandez-leur une fois de plus de vous animer de leur esprit. En créant pour les jeunes filles un degré supérieur d'instruction, ils ont voulu surtout une chose : libérer l'intelligence de la femme de la servitude, de l'ignorance et des préjugés, et la mettre avec sa raison affranchie et disciplinée, sa puissance propre de persuasion, ses ressources inépuisables de dévouement au service de toutes les causes qui, dans la famille et dans la cité, n'attendent un succès définitif que du progrès même de la justice et de la vérité.

Que le sentiment de cette mission ainsi ravivé dans vos cœurs, vous accompagne et vous soutienne! Si réjouissants que soient les résultats déjà acquis, l'œuvre à accomplir reste immense. Faire de ce pays où les crises historiques ont comme des vents de tempête, creusé tant de vagues et fait se heurter tant de remous, une France unie et apaisée dont un même courant poussera les flots vers les mêmes rives, c'est une tâche dont le cinquantenaire même de Sèvres ne verra pas l'entier achèvement. Pour y travailler cependant, sans défaillances, il vous suffira de vous dire qu'il n'est après tout, d'autre moyen efficace que celui même, lent, mais sûr, que vous employez : ouvrir un à un les esprits et les cœurs à la vérité scientifique et sociale par les seuls moyens que la vérité avoue. Oui, seule en s'avançant sur les flots irrités, la vérité que suit la justice, les apaisera! — Dites vous que c'est un privilège sans égal de travailler, si modestement que ce soit, à une telle œuvre. Parmi toutes les professions qui s'offraient, félicitez-vous d'avoir choisi celle qui vous permet de mêler le plus aisément à votre tâche journalière, rude parfois, surtout si l'on abuse ou si vous abusez de vos forces, de hautes pensées qui en relèvent les plus humbles détails. Dans la correction fastidieuse d'une copie vous apercevez une intelligence qui peu à peu, sous votre main, se dégage et prend figure. Vous formez des esprits, vous enfantez des âmes. Non, il n'est pas vrai, mes souvenirs ne me trompent pas, mes regrets non plus, que votre profession ne soit que besogne aride et métier ingrat. Vos classes ne sont pas de maussades prisons sans air et sans joie. Vous pouvez y faire rayonner la chaleur de l'affection la plus loyale. Vous pouvez y voir de vos yeux cette chose belle entre toutes choses : un sourire éclos pour vous sur un visage de jeune fille, divine expression d'une âme reconnaissante qui se donne. Et regardant parfois par delà votre classe, car des deux ou trois marches de votre humble chaire, votre regard porte loin dans l'avenir, vous pouvez voir comme un sourire aussi qui se répand, dans une ère de lumière et de paix, sur les campagnes tranquilles, les cités fraternelles, les foyers amis, ce sourire, expression vraie de l'âme de ce peuple sociable et bon entre tous les peuples, physionomie naturelle quoique voilée par instants, de notre patrie la plus juste la plus humaine de toutes les patries!

Puisse l'Ecole de Sèvres dans l'avenir, comme elle a fait dans le passé, associer efficacement son effort à tous les efforts généreux par lesquels se réalise un peu chaque jour la meilleure, et pour parler comme nos aïeux, la plus « douce France ».

Toast de Mlle Belugou.

Mlle Belugou remercie M. le Directeur au nom de l'Ecole d'autrefois et d'aujourd'hui et fera en sorte, dans la mesure du possible, de réaliser les vœux qu'il a émis.

Toast de M. Gaston Darboux.

M. Darboux dit que dans l'énumération des personnes auxquelles est dû le succès de l'Ecole on n'a pas rendu justice suffisante aux maîtresses répétitrices et aux maîtresses surveillantes qui ont occupé ces fonctions depuis la fondation de l'Ecole. Il porte de tout cœur un toast à ces collaboratrices si capables et si dévouées dont il eût été impossible, en ce qui le concerne, de se passer, et il espère qu'un jour viendra où elles pourront le remplacer.

Toast de M. Joseph Fabre.

MESDAMES,
MESDEMOISELLES,
MESSIEURS,

Ma première parole sera un salut donné, du profond de mon âme, à notre chère morte, si vénérée, si aimée, Mme Jules Favre, dont la direction virile a marqué

JOSEPH FABRE

Ancien sénateur
Ancien professeur au lycée Saint-Louis
et à l'Ecole des professeurs-femmes de Sèvres.

d'une empreinte ineffaçable l'Ecole de Sèvres et, par un contre-coup naturel, l'éducation de la femme française.

Avec elle, combien d'autres, professeurs et élèves, qui furent à la peine et manquent à la fête ! Nos yeux les cherchent ; nos yeux ne les verront plus. Je dis mal : nous les reverrons, mais pas sur cette terre.

Maintenant, je bois à la santé de Mlle Belugou, que ses actes louent tous les jours ; dont ce sera le suprême éloge de dire aujourd'hui que, de son vivant, Mme Jules Favre l'avait désignée pour lui succéder, et qui s'applique à la faire revivre.

Je bois, aux collaboratrices de Mlle Belugou, élèves devenues maîtresses, qui, par leur zèle intelligent, rendent à l'Ecole, avec usure, le bien qu'elle leur a fait. Aux professeurs éminents, quelques-uns illustres, dont j'eus l'honneur d'être le collègue, et que j'ai plaisir à retrouver frais et gaillards, si bien qu'il semble que cette belle jeunesse leur est une fontaine de Jouvence ! Aux autres professeurs appelés à l'Ecole depuis l'époque déjà lointaine où je lui dis adieu, la mort dans l'âme. Je connais leurs travaux, et je salue en eux des jeunes gloires de l'Université.

Je bois aussi aux protecteurs de l'Ecole! A mon ami Camille Sée, si justement applaudi hier et aujourd'hui, qui, en bon père, entoure d'une incessante et passionnée sollicitude l'enseignement fécond auquel il a donné le jour! A M. Elie Rabier, l'administrateur aimé, qui, par cela même, mettait tout à l'heure une certaine coquetterie à parler des médisances contre l'administration, et qui, dans son discours si poétique, a tout dit, sauf son très efficace dévouement pour la progéniture de Camille Sée ! A la mémoire de Charles Zévort, cet admirable auxiliaire du grand Jules Ferry, ce parfait organisateur, ce pénétrant connaisseur d'hommes, dont je suis heureux de voir ici présent le digne fils, Edgar Zévort !

Je bois enfin aux élèves. D'abord à celles des récentes générations que je regrette de ne pas connaître, mais que je sais avides de toutes les supériorités scientifiques, littéraires, morales, sans rien perdre du charme féminin fait de simplicité, de modestie et de souriante bonne grâce! Puis, à leurs aînées, à celles qui sont restées et resteront ma famille spirituelle, aux vaillantes de l'âge héroïque, en qui brûlait la sainte flamme de l'apostolat, aux filles de Mme Jules Favre ! Quelle douce émotion de se revoir, — hélas! de s'entrevoir, faudrait-il dire, — de se sourire, d'évoquer de chers souvenirs, et aussi de savourer cette inévitable mélancolie qui se mêle à toutes les joies humaines!

Ah ! qu'il se perpétue l'esprit de cette Ecole, si élevé, si ferme, si tolérant, de cette tolérance qui est faite non de l'absence ou de la tiédeur des convictions, mais du respect profond de la conscience humaine ! Gardez précieusement le trésor des nobles enthousiasmes. Il vous seront une force. Croyez-en un ami. C'est un des enchantements du soir de ma vie de demeurer fidèle à la foi démocratique, à la foi patriotique, à la foi spiritualiste de mes jeunes années.

Aux absents ! Aux présents ! Au maintien de l'esprit de l'Ecole ! Aux progrès de notre grande œuvre !

ANNIVERSAIRE

Poésie dite par Mlle POTTECHER, le 18 mai 1907.

Comme un marbre achevé baigne dans la lumière,
Comme un bronze reçoit la patine du temps,
Notre chère Maison fête ses vingt-cinq ans
Et son âme pensive a le droit d'être fière;
Nous pouvons, aujourd'hui, revenir en arrière,

Les cœurs épanouis et les regards contents.
Combien déjà, parmi ceux de la première heure,
Devraient être avec nous, que nous ne verrons pas!
Ils ont porté l'effort de nos premiers combats,
Que notre piété les rappelle et les pleure
Ces exemples vivants dont la leçon demeure
Et que chacun de nous dise leur nom tout bas...

* * *

Nous avions contre nous des gens de toute sorte,
Les uns trop étourdis, les autres trop ardents :
La Routine grondait entre ses vieilles dents;
Les exaltés, criant : « Vive la Femme forte!
Montrez l'Eve future à de nouveaux Adams! »
Trouvaient inconvenant qu'on les mît à la porte.

Chrysale nous disait, en roulant ses gros yeux :
« Claquemurez le sexe aux choses du ménage,
Comme en Chine : la Chine est prévoyante et sage ;
Vous risquez de mal faire en voulant faire mieux :
Les femmes ont déjà l'esprit trop curieux ;
Parlez-leur de cuisine et de raccommodage. »

Et Tartuffe ajoutait, de son air radouci :
« Une sainte ignorance est le duvet de l'âme.
L'arbre de la science est funeste à la femme.
Je connais peu les gens qui fréquentent ici,
Mais leurs ambitions me donnent du souci ;
Ma charité les plaint et mon zèle les blâme. »

* * *

Nous avons écarté les fous et les nigauds,
Fait taire l'hypocrite et gourmandé le lâche,
Renvoyé le Chinois au pays des Magots,
Et nous nous sommes mis bravement à la tâche
Pour semer le bon grain, sans peur et sans relâche,
Avec un rythme sûr et des gestes égaux.

Maison de bon vouloir, de sagesse et de joie,
Tu nous as vus, donnant plus d'air au vieux chemin,
Afin qu'un horizon plus large se déploie
Pour la France moderne et pour le genre humain,
Tu nous as vus tracer, ouvrir, frayer la voie
Royale, où marchera la femme de demain.

Chère Ecole, dont la première destinée
Fut d'être un atelier où de bons artisans
Dont l'art exquis plaisait à l'Europe étonnée
Savaient, en mesurant la flamme aux fours luisants,
Façonner pour les rois et pour les partisans
La porcelaine tendre et finement ornée ;

Tu n'es pas infidèle à ton premier instinct,
Puisque, sans rien ôter à la grâce fragile
De la femme, à sa pure et délicate argile,
Et pour mieux ajuster son âme à son destin,
Tu la veux plus savante et la fais plus virile,
A l'ombre du vieux parc où rit le clair matin.

* * *

Voulez-vous? Nous irons en revoir les allées
Et, dans l'air printanier de la jeune saison,
Au murmure de la nouvelle frondaison,
Nous rappelant les voix qui se sont en allées
Avec le flot lointain des heures écoulées,
Nous entendrons chanter l'âme de la Maison.

H. CHANTAVOINE

Professeur au Lycée Henri IV
et à l'Ecole des professeurs-femmes à Sèvres

FETE DU 25e ANNIVERSAIRE

DE LA

CRÉATION des LYCÉES de JEUNES FILLES

Donnée au Trocadéro

le 17 Mai 1907, à 2 heures

PROGRAMME

1 La Marseillaise

Par l'Orchestre et la Chorale des Lycées de Jeunes Filles de Paris.

DISCOURS

de M. **Camille SÉE**, Conseiller d'État

de M E **LAVISSE**, Directeur de l'École Normale supérieure

de M. A **BRIAND**, Ministre de l'Instruction publique

2 Ouverture de Gwendoline . . . M. EMM. CHABRIER

3 a. *Hymne à la Nuit* . . . . RAMEAU

b. *Le Printemps* . . . . M. GEORGES MARTY

Par l'Orchestre et la Chorale des Lycées de Jeunes Filles.

Solo par Mlle **Marcelle DEMOUGEOT**, de l'Opéra.

4 Ariane. . . . . MASSENET

a. *Tu lui parleras...*

b. *Ah! le cruel..*

Mlle **Marcelle DEMOUGEOT**, de l'Opéra.

5 Le Cor. . . . . **FLÉGIER**

M. NIVETTE, de l'Opéra.

6 Hymne à Victor Hugo . . . . SAINT-SAENS

Par l'Orchestre et la Chorale des Lycées de Jeunes Filles.

7 Duo de la **Flûte enchantée** . . . . . MOZART

Mlle Marcelle DEMOUGEOT, de l'Opéra
M. NIVETTE, de l'Opéra

8 **Danses grecques,** par les Artistes de l'Opéra :

Mlles SANDRINI (la grande Prêtresse)
G. & L. COUAT (deux faunes)
Beauvais, Barbier, Bouissavin, Guillemin, Denaulde,
Lozeron, Keller & V. Hugon.

9 Hymne. . . . . . . M. BOURGAULT-DUCOUDRAY

« Ceux qui pieusement sont morts pour la patrie... »

Par l'Orchestre et la Chorale des Lycées de Jeunes Filles

10 *LE DÉPIT AMOUREUX*

Comédie en 2 actes, en vers, de MOLIÈRE

par les Artistes de la Comédie-Française

Mmes	Thérèse KOLB	Marinette.
	GÉNIAT.	Lucile.
MM.	DEHELLY.	Eraste.
	JOLIET	Mascarille.
	CROUÉ	Gros René.
	GRANDVAL.	Valère.

11 Prélude du 3me acte de Lohengrin . . WAGNER.

L'Orchestre et les Chœurs (800 exécutants)

sous la direction de M. Gabriel PIERNÉ

Accompagnateur : M. CHADAIGNE

Piano de la Maison ERARD

Grand Orgue CAVAILLÉ COLL-MUTIN

XXVme ANNIVERSAIRE

DE LA

Création de l'Ecole des Professeurs-Femmes

(SÈVRES)

PROGRAMME

✠ ✠ ✠ ✠ ✠ ✠

MATINÉE DU 18 MAI 1907

PRO

MATINÉE

PREM

IL NE FAUT

Comédie en trois Acte

PAR LES ARTISTES

Mmes Blanche PIERSON . La Baronne
MULLER. . . . . . Cécile

MM. DEHELLY. . . . Valent
FALCONNIER. . Un Au
SIBLOT. . . . . Van B

DEUX

1. **Ouverture de Geneviève** . . . . R. SCHUMANN, 1810-185
par l'Orchestre des Élèves du Conservatoire.

2. **Chœurs sans accompagnement.**
   a. Mignonne, allons voir si la rose . . COSTELEY, 1531-1606.
   b. Quand mon Mary . . . . ROLAND DE LASSUS 153
   c. Qui dort icy. . . . . ROLAND DE LASSUS.
   d. L'autrier priay de danser . . . . COSTEY.
   Par les Chœurs des Elèves du Conservatoire

3. *a*. **Ballade des Menus propos** . . . F. VILLON.
   M. DUARD, de l'Odéon.
   b. **Scène de Démocrite**. . . . . . REGNARD.
   M. DUARD et Mme DUX, de l'Odéon.

4. *a*. Deux Mélodies . . . . M. G. FAURÉ.
   Mlle DEMOUGEOT, de l'Opéra.
   b. **Puisqu'ici-bas toute âme...** . . . M. G. FAURÉ.
   Duo par Mlles Marcelle et Gabrielle DEMOUGEOT
   Accompagnées par l'Auteur.

5. **Quelques vers,** *avec adaptations musicales de M. Gabriel Pierné.*
   a. Nuit divine . . . . M. Albert SAMAIN.
   b. Noël . . . . Mlle Rosemonde GÉRA
   M. Léon BRÉMONT.
   Accompagné par l'Auteur.

L'Orchestre et les Chœurs du Conservatoire, sous la Directio

Pendant l'entr'acte et après la représentation, dans le Parc,

MME

8 MAI 1907

ARTIE

RER DE RIEN

, d'ALFRED DE MUSSET

COMÉDIE-FRANÇAISE

. CROUÉ	Maître de Danse	M. LATY	Un domestique
GRANDVAL .	L'Abbé		Un paysan

ARTIE

Sapho (*Fragment du 1er acte*). . . . . Ch. Gounod.

a. Introduction et Marche (*Orchestre*).
b. Chœur.
c. Entrée de Sapho (*chœur et soli*).
d. Chœur.
e. Chœur des Prêtres.
f. Scène et Ode de Sapho.
g. Scène et final.

Par les Chœurs et l'Orchestre des Elèves du Conservatoire

SOLI :

Sapho : Mlle PANÈS — *Phaon : M. SORRÈZE* — *Contralto solo : Mlle GUSTIN*
Le Grand Prêtre : M. TEISSIER — *Deux Hérauts : MM. PAULE et RIGAL.*

Ballet de Cour. . . . . M. Gabriel Pierné.

Dansé par Mlles Louise et Blanche MANTE, de l'Opéra

a. Sarabande.
b. Passepied.
c. Pavane et Saltarelle.

Petit Orchestre et Clavecin — Au clavecin : l'Auteur

Piano et Clavecin de la Maison ERARD

JSSER, chef d'orchestre de l'Opéra, Professeur au Conservatoire

du 1er Régiment du Génie, sous la Direction de M. VERBREGGHE

25e Anniversaire de la Création

DE

L'ÉCOLE NORMALE DE SÈVRES

18 Mai 1907

Langouste Vénitienne Sauce Parisienne

Jambon d'York au Champagne

Zéphir Bruxellois

aux Petits Pois Sauce Ivoire

ROTI

Chapons Périgord

Croustades Charvin Truffées

Salade Danoise

Glace « Sapho »

Fruits

Desserts

VINS

Xérès Saint-Julien et Graves

Margaux

Champagne Moët et Chandon

ANCIENNES ÉLÈVES ET ÉLÈVES

PRÉSENTES A L'ÉCOLE DE SÈVRES AU DÉJEUNER DU 18 MAI

CLASSEMENT PAR PROMOTION

1re Promotion.

Lettres.

Mlles Bérillon.
Beuque.
Butiaux.
Gonzalès.
Rith.
Roubinovitch (Mme née Bosq).
Séry-Leypold (Mme).

Sciences.

Chollet-Duret (Mme).
Mlles Dugland.
Frémont.
Mabille.
Malton.
Luquet-Ramon (Mme).
Salomon-Caen (Mme)
Savery.
Sériès.
Toubhans-Trézaune (Mme).

2e Promotion.

Lettres.

Mlles Allégret.
Belugou.
Collard.
Giraud.
Grün.
Kuntz-Folliau (Mme)
Huet.
Lochert.
Payet-Soulié (Mme).
Tiard-Baudeuf.

Sciences.

Mlles Claris.
Graverol.
Küss.
Ficquet-Hugoud (Mme).
Mouton
Phisalix-Picot (Mme).
Porte.
Mme Jean Mortz née Puguet.

3e Promotion.

Lettres.

Beuque-Georges (Mme).
Mlles Bolleau.
Brichet
Ecolan.
Ecolan-Villemain (Mme).
Larmande (Mme née Lévêque).
Martin.

Sciences.

Mallet Delêtre (Mme).
Grunewald-Melet (Mme).
Mlles Mangin.
Mercier.
Michotte.
Perny.
Saurou.
Thouvenin.

4e Promotion.

Lettres.

Wallich-Bacharach (Mme).
Marcourt (Mme Duponchel).
Girbal-Péchin (Mme).
Mlles Guyot.
Gaudier.
Leroux.
Ravaire.
Sausotte (Mme).
Tollemer.

Sciences.

Mlles Bourgis.
Dreuilhe.
Rosier.
Saint-Aubert
Sedaillan-Jullian (Mme).
Toubin-Guignon (Mme).
Thomas
Venot.
Verdeilhan.

5e Promotion.

Lettres.

Mlles Dellec.
Antoine-François (Mme).
France.
Magnus.
Martin.
Prévost.
Israël Wahl (Mme).
Dodille-Poirson (Mme).

Sciences.

Mlles Allégret.
Bischoff.
Grosjean.
Berdin
Margat (Mme Lhuillier).
Saugère
Vennin-Pasquier (Mme).

6e Promotion.

Lettres.

Baudard-Guilloux (Mme)
Mlles Hache
de Burine.
Gascuel (Mme).

Sciences.

Boucon-Coutant (Mme).
Mlles Cotton.
Culot.
Samuel Lefèvre (Mme).
Prouhet.

7e Promotion.

Lettres.

Mlles Fischer.
Massen.
Mehl.
Clapon-Peysson (Mme).
Severin (Mme née Bourgeignon).
Schwob.

Sciences.

Bohren-Gonel (Mme).
Mlles Dreyfus.
Legac.
Vidal Fritscher (Mme).
Rudler-Sébastien (Mme).

8e Promotion.

Lettres.

Mlle S. Belugou.
Crouzet (Mme née Ben-Aben).
Gonnet-Gandon (Mme).
Jaudel-Lardeley (Mme).
Matheron (Mme Mongellas).
de Vitry-Letourneau (Mme).

Sciences.

Mlles Duporge.
Rouxel.

9e Promotion.

Lettres.

Mlles Duprat.
Grandjean.
Minotte.
Roche-Rey (Mme).
Saladin.

Sciences.

Mlles Amieux.
Bardenat.
Boué.
Gasnault.
Duperron-Rey (Mme).
Moreau-Bérillon (Mme).

10e Promotion.

Lettres.

Mlles Colani.
Daubriac.

Sciences.

Mlles Melet.
Waitz-Meyer.
Préjean.

11e Promotion.

Lettres.

Mlle Bachelart.
Lavaud-Granger (Mme).
Manuel-Thuillat (Mme).

Sciences.

Jacquemard-Faurens (Mme).

12e Promotion.

Lettres.

Mlles Sapy.
Berger.

Sciences.

Mlles Hécart.
Jaudel.
Percherancier.
Plicque.

13e Promotion.

Lettres.

Mlles Aron.
Coste.
Duparc.
Fiérard.

Fagard-Roux (Mme).
Lesueur.

Sciences.

Mlles Dupesan
Caron.
Legrand-Vincent (Mme).

14e Promotion.

Lettres.

Mlles Gayraud.
Lamotte-Leca (Mme).
Litalien-Sirand (Mme).
Pollet.
Soupey-Maire.
Simon.

Sciences.

Mlles Dottain.
Marlier.
Vimeux-Dubois.

15e Promotion.

Lettres.

Mlles Bidault.
Derminon.
Lalanne.
Sabatier.
Soek.

Sciences.

Mlles Dubus.
Dumont-Busque (Mme).
Levy-Lehmann (Mme).

16e Promotion.

Lettres.

Mlles Allard.
Daumain.
Hérard.
Requin.
Rouff.
Ygonin.

Sciences.

Mlles Detchebarne.
Lion.
de Goer-Vautrain (Mme).

17e Promotion.

Lettres.

Mlles Guittard.
Langgaesser.
Coulon.

Sciences.

Mlle Dubois.
Marin (Mme).
Uri-Kahn (Mme).

18e Promotion.

Lettres.

Mlles Pérouze.
Petit.
Rudler-Chambre (Mme).

Sciences.

Mlle Bertrand.

19e Promotion.

Lettres.

Mlles Pottecher.
Prudenti.

20e Promotion.

Lettres.

Mlles Hucher.
Rivero-Dubech.
Van den Berg.

Sciences.

Mlle Manière.

21e Promotion.

Lettres.

Mlles Galandy.
Genet-Bonnière (Mme).
Jacq.
Theliez.
Streicher.
Vignes.

Sciences.

Mlles Cartan.
Feytis.

22e Promotion.

Lettres.

Mlles Deracinois.
Eliohabe.
Marras.
Portier.
Préceptis.
Proust.
Renault.
Tillet.

Sciences.

Mlles Debat.
Duchaussoy.
Fabin.

23e Promotion.

Lettres.

Mlles Allier.
Nézard.
Pusset.

Sciences.

Mlles Bulau.
Carrier.
Delfolle.
Goret.

24e Promotion.

ÉLÈVES
ACTUELLEMENT A L'ÉCOLE

Lettres.

Mlles H. Bidal.
J. Boudène.
M. Fauré.
M. Jouglard.
M. Maire.
J. Montané.
M. Morand.
J. Raillard.
M. Rudler.
M. Trombert.

Sciences.

Mlles M. Demand.
J. Mendès.
M. Migon.
E. Risser.
C. Schulhof.
A. Schuster.
J. Vuillet.
A. Ulmann.

25e Promotion.

Lettres

Mlles J. Audic.
M. Blum.
J. Champomier.
M. Dubois.
H. Foubert.
M. Glotz.
H. Le Roi.
M.-L. Mabey.
M. de Méritens.
H. Main.
V. Nepveu.
R. Remy.
Y. Schutz.
E. Texier.
J. Villain.
E. Beslegeano (élève roumaine).
H. Broussewa (élève bulgare).

Sciences.

Mlles M. Desprez.
M. Fermond.
M. Klein.
A. Lapotaire.
E. Laurent.
J. Marty.
M.-A. Méjean.
E. Stieltjès.
M. Verly.

26e Promotion.

Lettres.

Mlles A. Andreani.
M. Aubry.
S. Berret.
L. Bard.
Th. Congy.
Th. Damien.
I. Dorian.
J. Gazeau.
M. Gillouin.
H. Kauffmann.
A. Lantzer.
Ch. Riveau.
C. Richerol.
A.-M. Romary.
G. de Vernet.
L. Vital.
I. Galtchova (élève bulgare).
L. Katzarova (élève bulgare).

Sciences.

Mlles C. Bouvier.
S. Dajean.
F. Domerc.
A. Emin.
C. Fontaine.
J. Goubelle.
L. Nicole.
I. Pontheil.
J. Sandier.
M.-L. Tessier.
E. Vergez.
M. Vermale.

Hors Cadres.

SOCIÉTAIRES N'AYANT PASSÉ QU'UN AN A L'ÉCOLE

Lettres.

Mlles Boyer.
Babut.
Lafore.
Wurmser.
Epailly.
Lefèvre.
Magnus.

Sciences.

Mlles Lauzanne.
Xambeu.

Étaient présents au déjeuner outre les anciennes élèves et élèves :

MM. Rabier, Hugot, Camille Sée, Edgar Zévort, Ledermann, *médecin* de l'École, Le Cœur, *architecte* de l'École.

Mmes Marthe Velten (nièce de Mme Fabre), Gibault, *économe* de l'École.

Anciens professeurs : MM. Joseph Fabre, Gernez, Serré-Guino, Terrier, Poincaré.

Professeurs actuels. — Sciences :

MM. Darboux, Appell, Picard, Perrin, Matignon, André, Langevin.

Lettres :

MM. Lemonnier, Chantavoine, Marcel Dubois, Jalliffier, Brunot, Lanson, Desjardins, Franck.

Professeurs pour les deux sections réunies :

MM. Jacob, Lalande, Barthélemy.

Mmes Williams, Delaporte, Mariage.

Professeurs qui ont fait des conférences complémentaires ou des suppléances :

MM. Lintilhac, Hovelacque, Belot, Lemoine.

Répétitrices actuelles et surveillantes :

Mlles Turbion, Charpentier, Elisson.

Répétitrices de langues vivantes :

Mlles Jeunet et Oudier, *aides-économe.*

Anciennes répétitrices et surveillantes :

Mlles Provost.
Couvreur, professeur au lycée Racine.
Stoude.

Mme Valant, directrice du collège de Vitry-le-François.

Exposition Universelle de 1889 **Hors Concours** Exposition Universelle de 1900

L'ENSEIGNEMENT SECONDAIRE DES JEUNES FILLES

REVUE MENSUELLE

FONDÉE ET DIRIGÉE PAR

CAMILLE SÉE
Conseiller d'État,
Ancien Député de la Seine

AVEC LE CONCOURS DE

CARNOT
Sénateur, Ancien Ministre
Membre de l'Institut.

E. LEGOUVÉ
Membre
de l'Académie française.

HENRI MARTIN
Sénateur
Membre de l'Académie française.

GERMAIN SÉE
Professeur à la Faculté
Membre de l'Académie de Médecine.

30e ANNÉE

PARIS
LIBRAIRIE CERF
12, RUE SAINTE-ANNE, 12

CAMILLE SÉE
Conseiller d'Etat
Ancien Député de la Seine
FONDATEUR-DIRECTEUR

HIPPOLYTE CARNOT
Sénateur
Ancien Ministre, Membre de l'Institut.

HENRI MARTIN
Sénateur
Membre de l'Académie française.

E. LEGOUVÉ
Membre de l'Académie française.

GERMAIN SÉE
Professeur à la Faculté de Médecine
Membre de l'Académie de Médecine.

Adolphe BRISSON

Ancien secrétaire de la rédaction
Directeur des Annales politiques et littéraires.

Dr Pierre SÉE

Secrétaire de la rédaction.

TABLE DES MATIÈRES

TABLE DES GRAVURES

Documents.

Portraits.

LIBRAIRIE CERF, 12, RUE SAINTE-ANNE, PARIS

REVUE MENSUELLE

Fondée et dirigée avec le concours de MM. Hippolyte Carnot, Henri Martin, Ernest Legouvé et Germain Sée, par M. Camille Sée, promoteur, et rapporteur à la Chambre des Députés, de la loi sur l'enseignement secondaire des jeunes filles et de la loi relative à l'Ecole normale des professeurs-femmes de Sèvres, cette Revue est consacrée à l'une des questions les plus intéressantes et les plus vitales de cette époque.

Au début, alors que tout était à faire, que l'Ecole de Sèvres n'avait encore formé aucun professeur, la Revue s'est d'abord adressée au personnel auquel on avait fait appel, en publiant des modèles de leçons et des articles sur les programmes. Puis elle s'est adressée aux élèves qui se préparaient au professorat de l'enseignement secondaire féminin et afin de leur permettre d'affronter avec succès les examens et les concours, elle a donné les textes des épreuves écrites (même des copies d'aspirantes) et les questions posées aux épreuves orales pour l'admission à Sèvres et pour l'obtention du certificat d'aptitude et de l'agrégation de l'enseignement secondaire des jeunes filles.

La Revue publie aussi les sujets donnés en composition pour l'obtention du diplôme de fin d'études secondaires, des compositions et des devoirs d'élèves des lycées et collèges de jeunes filles ainsi que des copies d'élèves des établissement similaires, aux Etats-Unis, en Suisse, en Hongrie, en Italie, en Russie, en Belgique, en Hollande...

Une place est réservée dans la Revue au personnel enseignant où il échange librement ses idées, ses observations, ses communications, ses renseignements.

La Revue publie des articles sur l'enseignement secondaire des jeunes filles en France et à l'étranger.

Outre les documents officiels relatifs à l'enseignement en France, elle reproduit des documents du XVIIe et du XVIIIe siècle sur l'histoire de la pédagogie féminine.

La Revue facilite la tâche du personnel dirigeant et enseignant des lycées et collèges de jeunes filles. Elle sert en même temps de guide aux mères qui font, sous leur surveillance, l'éducation de leur fille dans la famille.

VERSAILLES, IMPRIMERIES CERF, RUE DUPLESSIS, 59

www.ingramcontent.com/pod-product-compliance
Ingram Content Group UK Ltd.
Pitfield, Milton Keynes, MK11 3LW, UK
UKHW021045230726
13926UKWH00004B/1663

9 782014 458749